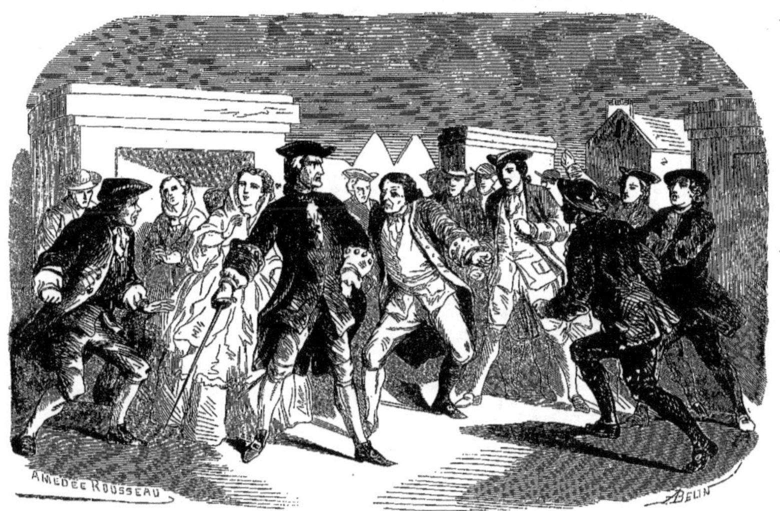

LES RODEURS DU PONT NEUF

DRAME EN CINQ ACTES, ET SEPT TABLEAUX

Par M. PAUL FOUCHER

REPRÉSENTÉ POUR LA PREMIÈRE FOIS, A PARIS, SUR LE THÉATRE BEAUMARCHAIS, LE 14 MARS 1853, REPRIS LE 2 OCTOBRE 1858.

DISTRIBUTION DE LA PIÈCE :

Personnages		Acteurs
PETRUCCI / POULAILLER (premier rôle)	MM.	GASPARI. / GOBERT.
M. DE GRANDPRÉ (père noble)		DETROGES. / BINA.
M. DE BALLAGNY (1er comique jeune)		ÉDOUARD PETIT. / COLLEUILLE.
D'ARGENTAL (jeune premier rôle)		DUBIEF. / DANJOU.
HARPIN (1er comique marqué)		BARLIN. / MARSIGNY.
GRIPAULT (deuxième comique)		LASOUCHE. / BÉNARD.
PATAUT (deuxième comique)		DUMAGNY. / FOLLOT.
UN RÉGISSEUR, UN PASSANT		.... / JOSSELIN.
GERMAIN		.... / PELARDY.
UN DOMESTIQUE D'ADRIENNE		...... / PAUL.
BENOIT		.... / GÉRARD.
DEUXIÈME PASSANT		.... / COULLEAU.
SARRASIN		LÉVY. / ....
DUFRESNE		BUCHLER. / ....
PATIRA (jeune premier rôle)	Mmes	HORTENSE CAVALIÉ. / JULES MADELEINE.
MADAME DE ROCHEVAL (gr. 3e rôle)		LAURETTI. / BRIARD.
ADRIENNE LECOUVREUR (1er rôle)		GASPARI. / MARIE DUREY.
LA JOUVENOT (1re com. soub. Déjazet)		NATHALIE. / BLANCHE.
MARIANNE (ingénuité)		ÉLISA DESCHAMPS. / ALICE DERLY.
ZERBINE (2e comique)		LÉVY. / ÉVARISTE.
GERVAISE (duègne)		CUVILLIER. / FAILLE.
NICOLE		LOUISE. / HORTENSE.
DORINE		HÉLOÏSE. / ROUSSEL.
MADELINE personnage muet.		
DANSE :		
MADEMOISELLE SALLÉ		MARIE CAVALIÉ. / ....

La scène se passe en 1730.

Acte premier. — Premier tableau.

Un boudoir chez madame de Rocheval.

SCÈNE PREMIÈRE.

DORINE, MADAME DE ROCHEVAL, LE CHEVALIER DE BALLAGNY, PÉTRUCCI.

(Au lever du rideau, madame de Rocheval, en déshabillé, est assise ; les écrins sont ouverts, ses diamants devant elle sur sa toilette.

DORINE, soubrette de madame de Rocheval, annonce. M. de Ballagny... M. le baron Pétrucci.

LE CHEVALIER, entrant. Pardon... pardon, belle cousine... Si le baron Pétrucci, mon ami, et moi... nous avons la témérité de vous surprendre ainsi en déshabillé... mais un chevalier du guet a le droit d'entrer partout.

MADAME DE ROCHEVAL. Même avec son inséparable.

LE CHEVALIER. Que voulez-vous? depuis que j'ai rencontré chez vous le baron, qui arrivait d'Italie... j'ai trouvé en lui un si aimable compagnon, et toujours si bien au fait de la chronique du jour et de la nuit...

PÉTRUCCI. Rien d'étonnant à cela, mon cher Ballagny, je vais partout.., car partout il y a à prendre.

LE CHEVALIER, à madame de Rocheval. Mais nous vous surprenons dans de graves occupations...

MADAME DE ROCHEVAL. Vous voyez... j'avais fait tirer de leurs armoires mes bijoux de famille...

LE CHEVALIER. Et... au moment d'un nouveau mariage... une veuve qui fait l'inventaire de ses diamants.

PÉTRUCCI. C'est un général qui passe la revue de ses troupes...

LE CHEVALIER. Mais vous n'avez pas besoin de ces auxiliaires, charmante cousine, et je ne connais qu'un homme aux yeux de qui ces ornements pourraient ajouter quelque prix à vos charmes.

MADAME DE ROCHEVAL. Qui donc?

LE CHEVALIER. Eh! parbleu, le digne successeur de Cartouche... celui que je me suis juré d'arrêter mort ou vif... le célèbre brigand connu sous le nom de Poulailler, et dont la bande, qui exploite perpétuellement les quais de la capitale, a pris le nom des Rôdeurs du pont Neuf. Tous les jours le baron Pétrucci conte les aventures de Poulailler... et l'un de ces jours il me fera mettre la main sur lui. (Mettant la main sur l'épaule de Pétrucci.)

MADAME DE ROCHEVAL. Allons donc, mon cher... mais, en vous faisant nommer chevalier du guet... par ma protection... vous, avec votre vue basse, vous, étourdi comme si vous étiez encore mousquetaire... je protégeais la vie de mon héros. (Mouvement de Ballagny.) Oui, mon héros... la race de ces hommes-là se perd... il n'y a plus de brigands...

PÉTRUCCI. C'est vrai... il n'y a plus que des voleurs.

MADAME DE ROCHEVAL. Un très-bel homme, à ce qu'il paraît, qui, malgré son nom assez vulgaire, sait unir la plus incroyable férocité à la générosité la plus princière.

PÉTRUCCI. Oh! ne lui en faites pas un mérite, Madame... l'homme dont vous parlez n'est sans doute pas assez arriéré pour revenir de bonne foi au type de ces brigands chevaleresques qui ne visent à enlever à la société que son admiration... cette générosité d'emprunt ne sert sans doute qu'à faire des dupes...

LE CHEVALIER. C'est aussi ce que me disait un conseiller au parlement, M. d'Argental, le futur époux de ma belle cousine, qui me parle sans cesse de son amour pour elle... presque tous les soirs... à la Comédie-Française, aux représentations de Lecouvreur...

MADAME DE ROCHEVAL. Il ne les manque donc pas?

LE CHEVALIER. Eh! parbleu, qui est-ce qui les manque?.. Une aussi admirable comédienne...

MADAME DE ROCHEVAL. Beau mérite, mon Dieu!.. Tenez, cette bateleuse de la foire Saint-Germain, cette Zerbine qui la parodie à s'y méprendre... a autant de talent et obtiendrait les mêmes succès, si elle voulait s'en donner la peine.

PÉTRUCCI. Zerbine?.. Vous avez donc remarqué cette fille?

MADAME DE ROCHEVAL. Sans doute... j'ai même fait prendre des renseignements sur elle par mon cousin.

LE CHEVALIER. Oui, je me rappelle; il y a de cela six mois, je vous ai dit, je crois, que cette fille n'avait qu'un amant, mais un amant mystérieux dont elle est l'esclave tremblante, que personne ne connaît, mais qu'elle paraît moins aimer encore que redouter.

PÉTRUCCI. Écoutez donc, si c'est un amant jaloux, comme on l'est chez nous, elle a raison.

MADAME DE ROCHEVAL. Cette intrigue de bas étage, sans doute, prouve seulement qu'elle n'a pas, comme la Lecouvreur, le moyen d'être généreuse pour ses applaudisseurs et pour ses amants.

LE CHEVALIER. Que dites-vous là, cousine?.. Quoi! parce que cette pauvre actrice mit autrefois ses diamants en gage pour le comte de Saxe... et vous vous rappelez que le comte de Saxe avait soupiré pour vous avant de s'éprendre de la Lecouvreur...

MADAME DE ROCHEVAL. Assez sur ce sujet... Ballagny... devant un témoin.

LE CHEVALIER. Oh! le baron Pétrucci est absorbé dans la contemplation de vos diamants... il paraît s'y connaître beaucoup... C'est égal... vous ne m'empêcherez pas de me faire le chevalier de cette pauvre Adrienne, de rester l'admirateur de son talent, de sa vertu, (Mouvement de madame de Rocheval.) de son désintéressement. (Madame de Rocheval hausse les épaules.) Je crois pouvoir en parler... je lui ai offert inutilement une fortune... et malgré les inventions de rendez-vous nocturnes qu'on débite sur son compte...

DORINE, bas à madame de Rocheval. Madame... mademoiselle Zerbine est là.

MADAME DE ROCHEVAL. C'est bien.. qu'elle attende et que personne ne la voie. (Elle se lève.)

PÉTRUCCI. Savez-vous, Madame... que ces diamants sont d'une grande valeur... Je n'y vois qu'un défaut... leur monture est un peu gothique... Les diamants sont comme ceux qui les portent... leur valeur ne les dispense pas de s'habiller au goût du jour. Or, j'y songe... il y a, sur le boulevard du Temple, un orfèvre de mon pays qui a un talent merveilleux pour remonter les diamants... un nommé Brunelli... et à ma recommandation...

LE CHEVALIER. Il y aurait un moyen plus sûr... ce serait que mon ami Pétrucci se chargeât de les remettre lui-même.

MADAME DE ROCHEVAL. Si monsieur le baron Pétrucci voulait prendre cette peine...

PÉTRUCCI. Mon Dieu! si vous le désirez... je passe dans le quartier cette après-midi...

MADAME DE ROCHEVAL. Ces diamants seront chez vous dans une heure.

DORINE, annonçant. M. le comte d'Argental demande à parler à madame la marquise.

LE CHEVALIER. Un futur époux... A nous de nous retirer... Prendre des moments si précieux pour lui, ce serait un vol.

PÉTRUCCI, jetant un regard équivoque sur les diamants et sur madame de Rocheval. Ce n'est pourtant pas la tentation du vol qui me manque.

LE CHEVALIER, qui paraît chercher dans ses poches. Oui... mais moi qui suis chargé de faire justice des voleurs.

MADAME DE ROCHEVAL. Qu'avez-vous donc?

LE CHEVALIER. Ma tabatière que je ne retrouve pas.

MADAME DE ROCHEVAL. On vous l'aura prise; il fallait commencer par ce voleur-là. Dorine, reportez ces diamants là, dans mon cabinet de toilette, (A Pétrucci.) en attendant qu'ils soient chez vous.

PÉTRUCCI, désignant le cabinet. C'est là votre arsenal, Madame?..

LE CHEVALIER. Tout ce qui m'a été pris, Poulailler me le payera.

PÉTRUCCI. Vous oubliez qu'il ne paye que ses dettes de vengeance... Marquise, nous vous laissons. (Il lui baise la main et sort.)

SCÈNE II.

D'ARGENTAL, MADAME DE ROCHEVAL.

MADAME DE ROCHEVAL. Approchez... approchez, monsieur d'Argental... vous êtes un grand coupable.

D'ARGENTAL. Il n'est que trop vrai, Madame.

MADAME DE ROCHEVAL. Voilà deux jours que je ne vous ai vu, et cependant je sais que les préoccupations du parlement ne vous ont pas seules dérobé à moi... Mais vous voilà, tout doit être pardonné.

D'ARGENTAL. Non, Madame... je ne puis accepter cette grâce, car je ne la mérite pas.

MADAME DE ROCHEVAL. Que dites-vous?.. je vous comprends mal, sans doute, et, si vous ne veniez pas chercher votre pardon...

D'ARGENTAL. Je viens accomplir un grand acte de repentir et de franchise, Madame... et il est bien tard, sans doute... mais ce mariage...

MADAME DE ROCHEVAL. Ce mariage... Eh bien?

D'ARGENTAL. Il est impossible.

MADAME DE ROCHEVAL. Impossible! monsieur d'Argental s'est-il souvenu que tout a été arrêté entre nos familles? que le jour de la cérémonie est fixé? que tout le monde a les yeux sur nous?

D'ARGENTAL. Je sais tous les torts que vous avez à me reprocher... permettez-moi de ne pas les aggraver par un plus grand encore en acceptant un bonheur que je ne mérite pas.

MADAME DE ROCHEVAL. Monsieur d'Argental, j'ai assez d'esprit et de cœur pour sentir l'outrage, même sous le miel des paroles.

D'ARGENTAL. D'autres mettront à vos pieds un nom... une fortune... un cœur plus digne de tant de beauté.

MADAME DE ROCHEVAL. Assez, assez, Monsieur... Il n'y a de votre part qu'une seule prétention que j'admette, celle de ne pas me faire trop regretter l'époux que je perds... Vous êtes riche... mais à quel prix cette fortune a-t-elle été augmentée?..

D'ARGENTAL. Que voulez-vous dire?

MADAME DE ROCHEVAL. Croyez-vous que j'ignore que, récemment encore, cent mille livres y ont été ajoutées par suite d'un procès gagné par vous sur un ami de votre père, le baron de Grandpré?

D'ARGENTAL. Mais, Madame, savez-vous dans quelles circonstances?

MADAME DE ROCHEVAL. Dépositaire d'un fidéicommis légué par le vieux comte d'Argental, il affirmait avoir remis la somme à votre intendant... mais le reçu ne s'est pas retrouvé... et vous, en digne gentilhomme, vous avez aimé mieux en croire le témoignage d'un valet que l'attestation d'un noble ami de votre famille.

D'ARGENTAL. Attaqué vivement par le baron, Madame, j'ai dû me défendre.

MADAME DE ROCHEVAL. Et M. de Grandpré, chez qui vous avez été reçu plusieurs années, selon les lois de la plus généreuse hospitalité... M. de Grandpré, ancien et honorable serviteur du roi, père d'une fille jeune et charmante, est réduit à la misère...

D'ARGENTAL. M. de Grandpré est venu à Paris solliciter la révision du procès, et si je m'étais trompé...

MADAME DE ROCHEVAL. Est-ce que M. de Grandpré peut avoir raison devant le parlement en plaidant contre un des membres. Vous le voyez, on peut se résigner sans trop d'efforts à la perte d'un tel nom, d'une telle fortune.. Mais être outragée pour une comédienne...

D'ARGENTAL. Madame... qui vous fait supposer?..

MADAME DE ROCHEVAL. Je ne suppose pas... je suis sûre... Et c'est pour une fille perdue!..

D'ARGENTAL. Madame!... Mais je dois respecter l'excès d'une colère que seul je mérite, je vous le répète.

MADAME DE ROCHEVAL. D'une colère!... allons donc!.. Moi, marquise de Rocheval, de la colère!... et pour qui?... pour la Lecouvreur!... qui demain viendra dans mon salon servir de divertissement à ma compagnie, et qui n'aura pas le droit d'y rester un instant de plus que ceux que mon dédain lui aura payés!.. De la colère pour la Lecouvreur!.. donnant chaque nuit un rendez-vous à un nouvel adorateur!.. De la colère pour elle!... De la colère pour cela!.. allons donc!.. Monsieur d'Argental, je ne vous croyais pas assez amoureux pour la flatter jusqu'à ce point!

D'ARGENTAL. Il est aisé de triompher, Madame, à l'aide d'une calomnie.

MADAME DE ROCHEVAL. La calomnie!... Mais demandez plutôt aux habitants de la rue Saint-Honoré, qui la voient sortir chaque nuit de chez elle... Demandez donc aussi aux habitants de ce quartier; car c'est dans une maison de la rue Guisarde, derrière cet hôtel, qu'elle se rend chaque nuit...

D'ARGENTAL. Pas un mot de plus, Madame, et souffrez que je me retire... Je n'ai aucun titre pour me faire le défenseur d'une femme... que mon devoir de gentilhomme ne me permet pas cependant d'entendre outrager plus longtemps. Madame, recevez une dernière fois et mes regrets et mes adieux... (A part.) S'il était vrai, pourtant... Mon Dieu! s'il était vrai!.. (Il sort.)

SCÈNE III.

MADAME DE ROCHEVAL. Il veut le nier en vain... il emporte le trait que j'ai fait pénétrer dans son cœur... Mais ce n'est rien encore... Eh quoi! d'Argental m'échapperait... et toujours pour cette femme!... Oh! il faut qu'elle sache aussi ce que c'est qu'être avilie, méprisée! Zerbine est là! (Elle ouvre la porte du cabinet de toilette.)

SCÈNE IV.

ZERBINE, MADAME DE ROCHEVAL.

MADAME DE ROCHEVAL. Approche... Zerbine... j'ai besoin de toi... le plus difficile de ton rôle reste encore à jouer.

ZERBINE. Je le sais... Madame... et je viens vous déclarer que j'y renonce...

MADAME DE ROCHEVAL. Que me dis-tu?

ZERBINE. Écoutez, Madame... on est toujours bien aise de jouer un tour à une camarade dont le talent vous humilie... vous me récompensiez généreusement pour ça... et puis jusqu'à présent ce que j'ai fait ne paraissait pas me donner beaucoup de mal: sortir mystérieusement d'une mansarde qui a été louée dans la maison d'Adrienne Lecouvreur, rue Saint-Honoré, avec un manteau et une coiffe pareils aux siens... venir chaque nuit dans un appartement de la rue Guisarde... dans une petite chambre qui communique, par une issue secrète, à cet hôtel, y passer la nuit et m'en aller au petit jour en laissant voir que je me cache... cela ne doit vous paraître rien... mais à continuer ce jeu-là, Madame, je risquerais ma vie.

MADAME DE ROCHEVAL. Ta vie... que dis-tu?

ZERBINE. Ça, Madame, c'est mon secret; et quand une femme ne dit pas son secret, il faut que ça lui soit bien impossible...

MADAME DE ROCHEVAL. Plus que jamais j'ai besoin de toi... car maintenant il faut que, revêtue d'un masque, profitant de la ressemblance de tournure que le hasard t'a donnée avec celle que je veux perdre... imitant sa voix comme tu le sais faire, tu fasses supposer à un adorateur naïf que l'amour d'Adrienne, rêvé par lui avec tant d'illusion, est à la merci de son or...

ZERBINE. Et justement ce que vous me proposez c'est le danger, ou du moins l'apparence d'une infidélité... et si cela était su... de quelqu'un?

MADAME DE ROCHEVAL. Je comprends... un amant jaloux... Tu l'aimes donc?

ZERBINE. Non... mais j'ai peur... Si jamais il soupçonnait quelque chose... rien ne pourrait donner idée du sort terrible qui m'attendrait...

MADAME DE ROCHEVAL. Je t'ai promis dix mille livres... si je t'en offrais quinze?

ZERBINE. Ça ne serait pas assez... Ah! si ce que vous m'offriez pouvait m'assurer un sort loin d'ici... hors de France... jusqu'à ce que...

MADAME DE ROCHEVAL. Eh bien?

ZERBINE. Oh! ne m'en demandez pas davantage... si je parlais... il me semblerait toujours qu'il m'entendrait, lui!

MADAME DE ROCHEVAL. Eh bien, je double la somme... trente mille livres.

ZERBINE. Trente mille livres!

MADAME DE ROCHEVAL. Il y a là une robe nouvelle sur le modèle de celles que la Lecouvreur a inventées.

DORINE, annonçant. M. le baron Pétrucci.

MADAME DE ROCHEVAL. On vient... je te paye assez cher pour que tu abrèges les scrupules... Allons...

ZERBINE. Trente mille livres et une robe neuve! toute fille d'Ève doit se damner à ce prix-là.

SCÈNE V.

MADAME DE ROCHEVAL, PÉTRUCCI.

PÉTRUCCI. Eh bien... marquise... je passais par ici en allant du côté du boulevard du Temple.

MADAME DE ROCHEVAL. Il s'agit bien de mes diamants!.. aujourd'hui tout est rompu.

PÉTRUCCI. Que dites-vous?..

MADAME DE ROCHEVAL. M. d'Argental me fait l'affront le plus sanglant, et vous me voyez d'une colère!...

PÉTRUCCI. A quoi bon de la colère!...

MADAME DE ROCHEVAL. Mais je voudrais bien vous voir trompé.

PÉTRUCCI. Cela m'est arrivé très-souvent! et même... J'avais un moyen infaillible de découvrir la vérité: toutes les fois que je quittais le soir le logis d'une belle et que je m'attendais à quelque substituant immédiat... je fixais avec de la cire un cheveu à la porte extérieure en même temps qu'au mur à côté... il était bien rare que je trouvasse, à mon retour, le scellé respecté... Mais j'ai abandonné ce moyen...

MADAME DE ROCHEVAL. Pourquoi?

PÉTRUCCI. J'aurais fini par devenir chauve... Maintenant on peut me tromper très-bourgeoisement; mais si je m'en aperçois... (Avec énergie.) je plains la coupable.

MADAME DE ROCHEVAL. Oui, chez un homme la vengeance peut être terrible.

PÉTRUCCI. Chez une femme elle est éternelle.

MADAME DE ROCHEVAL. Je compte sur vous, baron; il faut que vous m'aidiez ce soir à punir cette misérable Lecouvreur... Oui, c'est elle qu'on me préfère... Vous m'accompagnerez, avec Ballagny, à la représentation... Elle rentre par l'Élisabeth du comte d'Essex!.. Vous me restez à dîner?

PÉTRUCCI, à part. A merveille! (Haut.) J'accepte, belle marquise... Nous causerons du châtiment de votre rivale... une douce pensée aide à la digestion.

MADAME DE ROCHEVAL. J'ai des ordres à donner... permettez-moi de vous laisser ici quelques instants.

PÉTRUCCI, à part. Encore mieux.

MADAME DE ROCHEVAL, à part. Toutes mes dispositions pour le spectacle... et puis, j'irai retrouver Zerbine... (Elle sort.)

SCÈNE VI.

PÉTRUCCI, seul. Comment, marquise, ne pas vouloir me confier vos diamants... y mettre si peu de complaisance... c'est mal... vous me forcerez à employer les moyens de persuasion... à votre insu... Peut-être vous croyez que l'influence de vos beaux yeux, que le plaisir seul de vous venger me retient ici?.. On voit bien que vous m'avez pris pour un gentilhomme... Oh! vous êtes jolie, séduisante, c'est vrai... et même il m'était venu des idées... Mais les femmes ne sont pas rares... même les jolies femmes... de race... et il est plus rare de trouver de beaux diamants... de race... Or, les vôtres sont là, je n'ai qu'à étendre la main... (Écoutant.) Pas de bruit... personne dans ce cabinet... la porte a été fermée en dedans, mais elle ne résistera pas à cet argument du meilleur acier. (Il tire un rossignol de sa poche et entr'ouvre la porte.) Une femme vêtue comme la Lecouvreur... Zerbine... (Il referme la porte.) On vient... je suis forcé de rester honnête homme jusqu'à demain... mais, du moins, je sais tout, Zerbine... et malheur à toi.

DEUXIÈME TABLEAU.

Foyer de la comédie.

Salle ornée d'un grand nombre de portraits d'artistes en divers costumes; à droite, une large cheminée avec pendule et ornements dorés; au delà de la cheminée, au dernier plan, porte de la loge d'Adrienne Lecouvreur; du même côté, premier plan, porte vitrée communiquant avec une terrasse; au fond, porte conduisant à la scène; à gauche, deux portes avec tapisseries relevées par des embrasses et communiquant au couloir des premières loges.

SCÈNE PREMIÈRE.

D'ARGENTAL, PATIRA.

(Au lever du rideau, Patira est assis sur une banquette placée à côté de la porte de la loge d'Adrienne Lecouvreur. — Comédiens en costumes moyen âge.)

DUFRESNE, adossé à la cheminée. Comment va la tragédie en mon absence?

SARRASIN, arrivant. Très-bien... on n'écoute pas. Le public attend mademoiselle Lecouvreur.

DUFRESNE. Les fanatiques!..

SARRASIN. Tenez, en parlant de fanatiques, voilà le plus enthousiaste de tous, le comte d'Argental. (D'Argental entre par la première porte à gauche.)

D'ARGENTAL. Mademoiselle Lecouvreur n'est que du second acte... elle doit être encore dans sa loge?

PATIRA, sans regarder et tête baissée. Oui, Monsieur.

D'ARGENTAL. Annonce-moi.

PATIRA, de même. Je ne peux pas.

D'ARGENTAL. Pourquoi?

PATIRA, de même. Mademoiselle m'a dit de ne laisser entrer personne.

D'ARGENTAL. Dans ce cas, je vais l'attendre.

PATIRA. Je crois que c'est inutile.

D'ARGENTAL. Comment?

PATIRA. Mademoiselle a donné un rendez-vous...

D'ARGENTAL. Un rendez-vous?

PATIRA. A une jeune fille qui doit venir avant qu'elle n'entre en scène.

D'ARGENTAL, à part. Si je faisais parler ce jeune homme... Je ne me trompe pas... ce teint basané... c'est lui... ce bizarre enfant si dévoué à Adrienne... interrogeons-le... (Haut.) Tu es étranger, mon ami?

PATIRA, à part. Il m'a appelé son ami. (Haut.) Je suis Indien.

D'ARGENTAL. Quel était ton sort avant de quitter ton pays?

PATIRA. J'étais paria.

D'ARGENTAL. Y a-t-il longtemps que tu es en France?

PATIRA. Douze ans.

D'ARGENTAL. Qu'es-tu devenu depuis que tu as touché cette terre?

PATIRA, à part. Est-ce qu'il soupçonnerait... Un magistrat... je serais perdu!

D'ARGENTAL. Tu trembles?.. On m'avait bien dit que tu étais craintif... je voulais seulement te demander comment tu as rencontré mademoiselle Lecouvreur?

PATIRA. Il y a un an, j'avais été renversé par sa voiture et légèrement blessé; elle m'a recueilli, m'a fait soigner et m'a fait obtenir un emploi à la Comédie-Française.

D'ARGENTAL. Où ta timidité, ton origine étrangère te laissent en butte aux railleries, souvent même aux mauvais traitements des autres employés; ce qui fait qu'on t'a donné le surnom de Patira.

PATIRA. Ça se peut.

D'ARGENTAL. Comment, tu n'en sais rien?

PATIRA. Ces railleries, je ne les entends pas; ces mauvais traitements, je ne les ressens pas.

D'ARGENTAL. Oui; on m'a dit aussi que tu as rapporté de ton pays certain narcotique indien qui pourrait être mortel; mais qui, pris en petite dose, te jette dans des extases étranges où tu retrouves ta patrie, ta famille...

PATIRA. Oui; mais ma plus douce extase est quand je suis éveillé et que je la vois, elle.

D'ARGENTAL. Elle?

PATIRA. Mademoiselle Lecouvreur... C'est ma patrie, ma famille, mon Dieu, tout au monde!

D'ARGENTAL. Tu l'aimes donc bien?

PATIRA. L'aimer... Est-ce que je suis assez pour oser l'aimer, même comme le plus humble esclave? Mais ma vie tout entière n'est qu'un rayon de la sienne.

D'ARGENTAL, à part. Oh! je me trompais... la femme qui a pu inspirer une pareille idolâtrie à un serviteur n'a pas pu s'avilir à ce point. (Haut.) Merci, mon ami... merci de ce que tu m'as dit... Tiens, prends...

PATIRA. Une pièce d'argent!..

D'ARGENTAL. Tu refuses?

PATIRA. Est-ce que j'oserais!.. Mais, si vous voulez bien la jeter dans mon chapeau... parce qu'autrement je serais exposé à toucher votre main.

D'ARGENTAL, jetant sa pièce dans le chapeau. Le malheureux se croit encore dans l'Inde... On ouvre la porte de cette loge... si c'était elle!.. (Patira s'éloigne un peu.)

SCÈNE II.

LA JOUVENOT, D'ARGENTAL, PATIRA, COMÉDIENS, au fond.

LA JOUVENOT. Ce n'est pas moi que vous attendiez, monsieur d'Argental?..

D'ARGENTAL. Il est vrai... je croyais...

LA JOUVENOT. Qu'elle allait venir... Eh bien, non, elle ne viendra pas... Ce que c'est que de mal placer ses hommages! Après ça, vous avez du malheur, car on dit qu'elle n'est pas toujours inexorable.

D'ARGENTAL, à part. Ah! cette parole a rouvert ma blessure!.. (Haut.) Dites à mademoiselle Lecouvreur mes regrets de n'avoir pu lui parler ni ici, ni chez elle... (A part.) Cette nuit, je la suivrai, et, quoi qu'il en coûte, je saurai tout. (Il sort.)

LA JOUVENOT, le regardant s'en aller. C'est poli, c'est gentil, c'est riche, et ça aime... que ça mangerait quatre fortunes... Voilà des bonheurs qui ne m'arriveraient pas à moi. (Elle appelle.) Patira!..

PATIRA. Mademoiselle Jouvenot?..

LA JOUVENOT. Va voir si le premier acte est fini... Elle va encore avoir un succès ce soir!.. Ce public est si capricieux... Parce que depuis plusieurs jours elle n'a pas paru... il va la couvrir d'applaudissements et de fleurs... Voilà de ces choses qui ne m'arrivent pas à moi...

PATIRA, accourant essoufflé. Le premier acte va finir.

LA JOUVENOT. Bien!

PATIRA. Mademoiselle ne m'a pas appelé?

LA JOUVENOT. Non.

PATIRA. Il n'est pas venu une jeune personne?

LA JOUVENOT. Non! (Patira se retire vers la porte d'Adrienne Lecouvreur. — Appelant.) Patira!

PATIRA. Mademoiselle Jouvenot?

LA JOUVENOT. Va voir sur la terrasse quel temps il fait. (Il sort en courant.) Je n'ai pas une belle chaise à porteurs, moi; ni le public ni le particulier ne me favorisent, moi.

PATIRA. Il fait très-beau.

LA JOUVENOT. Bien.

PATIRA. Mademoiselle ne m'a pas appelé?

LA JOUVENOT. Non.

PATIRA. Il n'est pas venu une jeune personne?

LA JOUVENOT. Ah çà! veux-tu me laisser tranquille avec tes questions! (Patira se retire au fond. — Des personnages divers entrent par les portes de gauche.) Le premier acte est fini, à mon poste!.. (Elle sort en retroussant son costume moyen âge pour mieux courir.)

SCÈNE III.

PATIRA, assis dans le fond, M. DE GRANDPRÉ, MARIANNE, MADELINE, QUELQUES SPECTATEURS se promenant, examinant les tableaux et traversant le foyer.

M. DE GRANDPRÉ, donnant le bras à Marianne. Allons, remets-toi, te voilà tout émue; je crois même qu'une larme brille dans ton œil.

MARIANNE. Je ne m'en cache pas, mon père, ces beaux vers me vont au cœur.

M. DE GRANDPRÉ. Raison de plus pour remercier le généreux anonyme qui nous a envoyé cette loge; car je n'aurais pu te donner ce plaisir depuis que j'ai été dépouillé de ma fortune par un misérable... ce d'Argental.

MARIANNE. Mon père!..

M. DE GRANDPRÉ. Oui, un misérable!.. Et si jamais je le rencontre... un seul affront de ma main lui rendra tous ceux que je lui dois.

MARIANNE. Mon père!.. apaisez-vous, de grâce!..

M. DE GRANDPRÉ. Jamais! jamais!

MARIANNE, cherchant à détourner la conversation. Mon père, quelle est donc cette salle?

M. DE GRANDPRÉ. C'est le foyer de la Comédie; les loges où nous sommes communiquent seules dans l'intérieur du théâtre.

MARIANNE, à part. Je comprends pourquoi elle les a choisies pour nous.

M. DE GRANDPRÉ. Viens-tu sur la terrasse prendre l'air?

MARIANNE, avec quelque embarras. Si vous le permettez, je resterai ici avec Madeline; je serais curieuse d'examiner ces portraits.

M. DE GRANDPRÉ. Bien, mon enfant; gentilhomme campagnard, je souffre d'être si longtemps enfermé... Toi, tu n'a pas besoin de m'attendre pour rentrer dans la loge.

SCÈNE IV.

MARIANNE, MADELINE, PATIRA, puis ADRIENNE LECOUVREUR, LA JOUVENOT.

MARIANNE. Je ne me trompe pas, c'est bien ici qu'elle m'a donné rendez-vous.

PATIRA, qui l'examine depuis longtemps, s'approchant. N'est-ce pas Mademoiselle qui a écrit à mademoiselle Lecouvreur une lettre qui n'était pas signée?

MARIANNE, avec crainte. Oui, c'est moi-même!

PATIRA. Ah! (Il va vivement frapper trois petits coups à la porte de la loge d'Adrienne; elle paraît aussitôt; Patira lui montre Marianne.)

ADRIENNE, allant à elle. C'est à vous, mon enfant, que j'ai fait remettre une loge pour ce soir... c'est vous qui m'avez demandé cette entrevue?.. (Patira et Madeline se retirent au fond.)

MARIANNE. Oui, Mademoiselle. (Adrienne n'a pas encore fini de s'habiller, elle pose sur la cheminée, en entrant, plusieurs objets de toilette, un mouchoir, et, tout en causant, met ses bracelets et ses boucles d'oreilles.)

ADRIENNE. Vous voulez donc entrer au théâtre; avez-vous déjà étudié?

MARIANNE. Seule, n'ayant que mon inspiration pour guide, que mon cœur pour maître.

ADRIENNE. C'est le bon.

MARIANNE. Ah! je sens bien tout ce que j'ai à apprendre, et c'est pour cela que j'avais pensé...

ADRIENNE. Achevez... A me demander de leçons, peut-être?

LA JOUVENOT, entrant et s'arrêtant en voyant Marianne près d'Adrienne. A part. Quelle est cette jeune fille et que veut-elle?

ADRIENNE. Mais, je vous l'avouerai, je n'ai pu me résoudre, jusqu'à présent, à avoir d'élève.

LA JOUVENOT, à part. Elle voulait des leçons, cette petite!

ADRIENNE. Analyser froidement ce qu'on sent et ce qu'on dit avec chaleur, faire épeler syllabe à syllabe l'entraînement de la passion et les douces émotions de l'âme, non, je n'en ai pas le courage.

LA JOUVENOT, à part. A la bonne heure!

MARIANNE. Pardonnez-moi, Mademoiselle, d'avoir été si hardie...

ADRIENNE. Vous pleurez?

MARIANNE. C'est qu'une espérance, la seule qui me restât, m'échappe par votre refus... Si ce n'était que pour moi...

ADRIENNE. Oh! excusez-moi de vous avoir affligée; derrière ce désir, je le vois bien, il y a une souffrance; venez me voir dès demain, nous causerons; et si les dons que vous tenez de la nature sont secondés par une vraie vocation, vous me trouverez moins méchante que vous ne m'avez vue tout à l'heure.

MARIANNE. Merci du fond du cœur, merci! Mademoiselle! Ah! je le vois, talent et bonté, c'est toujours inséparable; à demain! (Elle rentre par la gauche avec Madeline.)

SCÈNE V.

ADRIENNE LECOUVREUR, LA JOUVENOT.

ADRIENNE, la regardant aller. La charmante jeune fille.

LA JOUVENOT. Ah çà, je t'admire, toi! ce n'est pas assez de l'emporter sur nous toutes et d'accaparer la faveur du public, tu veux maintenant te créer un successeur.

ADRIENNE. Ma pauvre Jouvenot! toujours en éveil, toujours en alarmes.

LA JOUVENOT. On a peut-être tort avec toi; voilà dix ans que je suis là, à attendre dans les confidentes, et puis tu vas venir camper une inconnue devant moi; j'espérais arriver un jour aux jeunes princesses, au moins par ancienneté.

ADRIENNE. Va, ne t'arrête pas, tu ne cours aucun risque de me fâcher aujourd'hui.

LA JOUVENOT. Et pourquoi cela?

ADRIENNE. Parce que c'est pour moi jour de fête; après une maladie.

LA JOUVENOT. Tu pourrais bien dire un chagrin d'amour.

ADRIENNE. Jouvenot... je t'ai priée de ne plus rappeler ces souvenirs... je n'ai plus qu'une pensée... je vais reparaître devant le public, pour moi si bon, si enthousiaste.

LA JOUVENOT. Oui, au théâtre; mais à la ville... et même pas si loin, à la queue.

ADRIENNE. Qu'y dit-on?

LA JOUVENOT. Tu le sais bien...

ADRIENNE. Répète-le toujours.

LA JOUVENOT. On disait encore tout à l'heure que, tous les soirs, Phèdre, gardant encore ses feux en dépouillant son costume, se rendait en secret dans une maison de singulière apparence.

ADRIENNE. Et tu veux que je m'émeuve de pareils propos, moi dont un amour désintéressé a dévoré la vie? Ce qui me reste de forces je veux l'employer, non à combattre de méprisables ennemis, mais à guérir une plaie qui saigne encore, mais que l'art et le succès fermeront. (On sonne dans le fond.)

LA JOUVENOT. On va commencer, je me sauve; dépêche-toi, on sonne pour le second acte, dans cinq minutes c'est à toi.

SCÈNE VI.

ADRIENNE LECOUVREUR, seule. Oh! oui, j'ai besoin de succès, d'émotions, d'applaudissements qui m'étourdissent: que deviendrais-je sans cela? Dès que ma solitude me rend à mes réflexions, alors, ma famille abandonnée, ma mère dont la mort a livré ma destinée à tous les orages, reviennent à ma pensée; ma pauvre mère, son image..... (Tirant un médaillon de son sein.) qui m'est restée! c'est tout mon courage, toute ma consolation... Si je perdais ce portrait, il me semble que je serais une seconde fois orpheline... C'est étrange... à contempler cette jeune fille tout à l'heure, je me retrouvais en elle; il me semblait être encore au foyer paternel... je me revoyais jeune, naïve, me confiant avec sécurité dans un riant avenir.

PATIRA, dans le fond. Mademoiselle, Mademoiselle... c'est à vous.

ADRIENNE. Ah! j'oubliais que ma vie est une lutte... Eh bien! que la lutte soit un triomphe! c'est la seule joie qui me reste. (Elle sort par le fond.)

SCÈNE VII.

MADAME DE ROCHEVAL, BALLAGNY.

MADAME DE ROCHEVAL. Conduisez-moi à ma loge, mon cousin, en attendant le baron Pétrucci qui doit venir nous rejoindre (Applaudissements.)

BALLAGNY. Ces applaudissements, j'en suis sûr, c'est l'entrée de la Lecouvreur; il n'y a qu'elle qu'on puisse accueillir ainsi.

MADAME DE ROCHEVAL. Pas un murmure, pas une protestation, et ces misérables qui m'avaient promis.

BALLAGNY. A propos d'Adrienne, savez-vous, belle cousine, ce que me disait cet homme qui est venu me parler bas à l'oreille quand nous sommes descendus de carrosse.

MADAME DE ROCHEVAL, avec humeur. Je ne m'en doute pas.

BALLAGNY. Il m'a annoncé que, dans le parterre et plusieurs autres parties de la salle, se sont glissés des individus qui ont l'intention de troubler la représentation, de siffler mademoiselle Lecouvreur. Savez-vous ce que je lui ai répondu?

MADAME DE ROCHEVAL. Pas le moins du monde.

BALLAGNY. Que j'ai placé les soldats aux quatre coins du parterre, et gare aux siffleurs!

MADAME DE ROCHEVAL, à part. L'imbécile! (Haut.) Et, pendant ce temps-là, les voleurs auront carte blanche aux alentours du théâtre.

BALLAGNY. Quoique ce ne soit là que des malheurs privés, j'avoue que cette crainte peut être fondée, et je vais diviser ma troupe en deux parties égales. Justement, voici bientôt l'heure de ma ronde. (Il cherche sa montre.) Tiens, c'est particulier... je n'ai plus ma montre!..

MADAME DE ROCHEVAL. Vous voyez bien qu'il n'y a pas ici à craindre que des siffleurs.

BALLAGNY. Décidément, je ne l'ai plus... Après ça, ce n'est qu'un malheur privé.

MADAME DE ROCHEVAL. Mais il me semble que ce n'est pas le malheur qui est privé, c'est vous.

BALLAGNY. Très-joli! très-joli! Autant d'esprit que de beauté. Au revoir, belle cousine!

SCÈNE VIII.

MADAME DE ROCHEVAL, d'abord seule, puis PATIRA.

MADAME DE ROCHEVAL. On me trahit... Je n'ai pas le courage d'être témoin de son succès. D'Argental est dans quelque coin obscur de cette salle, s'enivrant de ce triomphe, oubliant et nos projets et mon impuissante jalousie... Indignité!.. (En parlant elle s'est approchée de la cheminée.) Quelqu'un a oublié ici un mouchoir et un médaillon... Un portrait de femme! (Regardant le portrait.) Cette riche parure annonce une personne de distinction... Des armes effacées! c'est singulier!.. Il me semble avoir vu, dans quelque château, un grand portrait dont ce médaillon est la reproduction. (Patira est entré par le fond; il est allé à la loge d'Adrienne et en ressort en paraissant chercher; il aperçoit le mouchoir et le médaillon dans les mains de madame de Rocheval. Il s'approche d'elle avec crainte.)

PATIRA. Madame!..

MADAME DE ROCHEVAL. Que voulez-vous?

PATIRA. Je cherchais...

MADAME DE ROCHEVAL. Ce mouchoir, ce médaillon, peut-être?

PATIRA. Oui, Madame.

MADAME DE ROCHEVAL. A qui sont-ils?

PATIRA. A ma maîtresse.

MADAME DE ROCHEVAL, l'examinant. Ah! oui, c'est l'esclave indien de la Lecouvreur.

PATIRA. Je voudrais bien le médaillon.

MADAME DE ROCHEVAL. Et ta maîtresse, que fait-elle de ce médaillon?

PATIRA. Sa consolation, sa joie. Quand elle est heureuse, elle l'embrasse en disant merci; quand elle souffre, elle l'embrasse en pleurant.

MADAME DE ROCHEVAL. Quel prix votre maîtresse peut-elle attacher à ce portrait? A voir la riche parure, les diamants dont le peintre a revêtu cette image, ce ne peut être que quelque histrione comme elle...

PATIRA. Une histrione... sa mère?

MADAME DE ROCHEVAL. C'est sa mère!..

PATIRA. Oh! mon Dieu, ai-je eu tort de le dire?

MADAME DE ROCHEVAL, à part. Il y a là déjà une vengeance peut-être. (Haut.) Eh bien! je rendrai moi-même ce portrait à mademoiselle Lecouvreur.

PATIRA. Mais elle est inquiète, elle le cherche... La voilà!... (Adrienne entre par le fond; Patira lui montre le mouchoir et le médaillon dans les mains de madame de Rocheval et s'éloigne.)

SCÈNE IX.

MADAME DE ROCHEVAL, ADRIENNE LECOUVREUR, PATIRA, dans le fond.

MADAME DE ROCHEVAL. On me dit que ce portrait et ce mouchoir sont à vous?

ADRIENNE, à part. La marquise de Rocheval!... (Haut.) Oui, Madame, et je vous les redemande.

MADAME DE ROCHEVAL. Les voici, Mademoiselle... Mais, un mot... Ce portrait est celui de votre mère, on me l'a dit... ces traces d'armoiries, cette parure, d'autres indices que me donne ma mémoire, prouvent qu'elle était d'un rang où ne se recrutent pas habituellement les comédiennes..

ADRIENNE. Mais, Madame, de quel droit ces questions?

MADAME DE ROCHEVAL. Du droit qu'aurait la noblesse de France de punir une atteinte à son honneur. Songez-y, si c'était là l'explication du mystère dont vous avez toujours enveloppé votre origine; si, malgré toutes les convenances, malgré les ordres de votre famille peut-être, vous étiez venue dégrader sur ces planches un nom honorable, le For-l'Évêque aurait pour vous des prisons qui ne se rouvriraient pas facilement.

ADRIENNE. De la menace... je la brave.

MADAME DE ROCHEVAL. La braverez-vous encore quand on vous aura signalée à la juste colère de ces parents que vous avez trahis, et que nous découvrirons, j'en suis sûre?

ADRIENNE, à part. Oh! mon Dieu!.... Mon père qui ignore encore peut-être... (Haut.) Ah! Madame, par pitié.... Quand même je serais ce que vous supposez, pourquoi donc iriez-vous cruellement irriter des douleurs de famille qui ne peuvent se calmer que par l'oubli?... Madame, je vous en supplie à genoux s'il le faut!

MADAME DE ROCHEVAL. A genoux! elle à mes genoux!.. C'en est assez, relevez-vous... je suis satisfaite... (Mouvement d'Adrienne.) Malheureusement la noblesse de France ne l'est pas. Je sais les devoirs qui me sont imposés.

ADRIENNE. Ah! j'étais donc jouée? cette clémence était donc un nouvel outrage? mais vous avez donc juré, Madame, de me pousser à bout?..

MADAME DE ROCHEVAL. M. le marquis de Rocheval, mon mari, intendant des menus plaisirs, et l'un des plus grands seigneurs de France, m'avait tracé ma conduite, et j'ai des engagements à remplir envers sa mémoire.

ADRIENNE. Vous voulez tenir des engagements envers la mémoire de votre époux? Mais sa mémoire est donc plus heureuse qu'il ne l'était lui-même?

MADAME DE ROCHEVAL. Que voulez-vous dire?

ADRIENNE. Je voulais vous dire que, tout grand seigneur qu'il était, vous aviez trouvé, dit-on, le moyen d'ajouter à ses titres.

MADAME DE ROCHEVAL. Oh! tant d'insolence! je n'aurais pas cru que l'ancienne maison du comte de Saxe...

ADRIENNE, avec un cri de douleur. La malheureuse! quel nom a-t-elle prononcé?

MADAME DE ROCHEVAL. Vous feriez mieux d'aller lui redemander vos lettres qu'il montre partout.

ADRIENNE. J'aurais beaucoup moins de chemin à faire pour aller chercher les vôtres, qu'il m'a sacrifiées.

MADAME DE ROCHEVAL, étouffant de rage. Il est vrai que le comte fut votre conquête... il n'est pas le seul. M. d'Argental est venu se prosterner à vos pieds. Je dus épouser M. d'Argental; en cette qualité, j'ai pensé avoir quelque droit à vous offrir le prix des visites que vous avez si gracieusement reçues... cette bourse... (Elle jette la bourse à terre. — Un silence et un temps.)

ADRIENNE, la ramasse et la pèse. Cette bourse ne me suffirait pas, Madame.

MADAME DE ROCHEVAL. Ne suffirait pas!

ADRIENNE. C'est pour les visites qu'il m'a déjà faites, dites-vous? Mais, s'il n'y a que vous pour le retenir, je suis sûre qu'il reviendra... (Elle rejette la bourse.) Il faut doubler la somme...

MADAME DE ROCHEVAL. Nous verrons si vous garderez cette arrogance devant votre famille.

ADRIENNE, avec entraînement. Ma famille! oh! ma famille!... Eh bien, qu'elle vienne! prévenez-la, amenez-la, ce soir même, si vous voulez... Après tout, que verra-t-elle? une fête dont je serai la reine! des succès qui malgré elle l'enorgueilliront... Oui, qu'elle vienne! qu'elle vienne!.. et si elle ose me reprocher d'avoir mis fin à sa noblesse, eh bien, je pourrai lui répondre au moins que moi... j'ai créé la mienne! (Elle sort.)

MADAME DE ROCHEVAL. Ah! je n'en voulais qu'à sa réputation; mais désormais, entre elle et moi, c'est une guerre d'extermination. (Elle sort.)

PATIRA, seul. Il a suivi de loin, avec sa pantomime, toute la scène précédente avec des alternatives de joie et de plaisir, et, au moment où Adrienne sort, il donne des signes de joie la plus vive. Ah! bravo! Tant pis pour la grande dame! Pourquoi attaque-t-elle ma maîtresse! Écoutons, écoutons! (Applaudissements vers la gauche.) Comme cette grande dame doit enrager! Je suis content! heureux! Courons voir, de la coulisse, son triomphe et la colère de la grande dame. (Au moment où il sort, Harpin a passé avec précaution la tête le long des tapisseries fermant les entrées de gauche. Quand Patira est sorti par le fond, Harpin s'avance en scène.)

SCÈNE X.

HARPIN, seul, puis PÉTRUCCI.

HARPIN. Le maître n'y est pas encore... il n'a pas paru content de m'apercevoir au parterre, et le regard avec lequel il m'a appelé n'annonce rien de bon... Le voici.

PÉTRUCCI. Que faites-vous ici, Monsieur? vous qu'en outre des fonctions générales de chaque membre de notre troupe, j'ai honoré du titre de caissier, quand il y a foule aux portes de la Comédie, au lieu de travailler, vous allez vous mettre tranquillement au parterre, et vous perdez votre temps à regarder le spectacle.

HARPIN. Pardon, maître; mais j'avais passé toute ma matinée à faire ma caisse, j'ai cru pouvoir me permettre un peu de loisir, et, pour ne pas perdre complétement mon temps, comme vous me le reprochez bien durement, je me suis laissé embaucher ce soir pour venir faire tapage et siffler.

PÉTRUCCI. Esprit étroit! canaille! Tu vas partir d'ici et exécuter mes nouveaux ordres.

HARPIN. Parlez, maître.

PÉTRUCCI. D'abord, tu es bien sûr que cette femme masquée qui, le soir, sort de la maison de Lecouvreur sous des habits semblables aux siens, c'est Zerbine?

HARPIN. Oui, maître, c'est votre Zerbine.

PÉTRUCCI. Qui vous a permis de pénétrer dans mes affections?.. Vous êtes certain aussi qu'elle entre dans la maison de la rue Guisarde que vous m'avez désignée et qu'elle y passe la nuit?

HARPIN. Oui, maître.

PÉTRUCCI. Vous avez visité l'appartement où elle monte?

HARPIN. Oui, maître, au second, à gauche.

PÉTRUCCI. Vous avez une clef convenable?

HARPIN, remettant une clef. Voici.

PÉTRUCCI, prenant la clef. Les dispositions de l'appartement?

HARPIN. Après une antichambre, la pièce principale, convenablement meublée; j'ai visité avec soin les boiseries; dans les rinceaux d'un ornement j'ai reconnu les joints d'une porte secrète qui doit communiquer avec l'hôtel Rocheval.

PÉTRUCCI. Précisément... débauche en participation. Après?

HARPIN. A gauche, un cabinet tout garni de robes, de mantes et de vêtements de femme, dans lequel on peut parfaitement se tenir caché.

PÉTRUCCI. C'est bien. Vous allez retourner aux magasins; vous y prendrez un masque de femme.

HARPIN. Un loup?

PÉTRUCCI. Vous l'enduirez intérieurement et bien profondément de ma liqueur indienne.

HARPIN. De cette liqueur qui brûle et qui ronge?

PÉTRUCCI. Pas de réflexions. A quelle heure doit finir le spectacle?

HARPIN. A dix heures.

PÉTRUCCI. A dix heures un quart, vous m'attendrez au coin de la rue Guisarde avec le masque soigneusement préparé. Allez.

HARPIN. Oui, maître. (Il sort.)

SCÈNE XI.

PÉTRUCCI, PATIRA.

PÉTRUCCI. J'hésite pourtant, et j'en suis tout étonné; ordinairement, je prends assez vite mon parti... Cette femme... cette Zerbine n'a donc pas su à quelle condition je l'ai honorée de mon amour? Peut-être ignore-t-elle comment j'agis quand on m'outrage... Bah! écoutons un bon sentiment, ça sauve la monotonie... avertissons Zerbine. (Il prend des tablettes et écrit.) Ne va pas ce soir où tu as promis d'aller; tu as affaire à quelqu'un qui ne pardonne pas. (Il plie le papier.) Par qui envoyer!.. Parbleu! ce jeune garçon de théâtre... Holà! l'enfant! (Patira, qui vient de rentrer, s'approche sans regarder son interlocuteur.)

PATIRA. Monsieur?

PÉTRUCCI, cherchant de l'argent dans sa bourse. Tu vas porter cette lettre.

PATIRA. Après la tragédie?

PÉTRUCCI. Après la tragédie, soit. Tu vas porter cette lettre à Zerbine, actrice au théâtre de la foire Saint-Germain, à deux pas d'ici. (Pendant qu'il prononce ces mots tout en cherchant de l'argent, Patira, frappé de sa voix, l'a regardé, puis s'est mis à trembler.)

PATIRA, à part, avec la plus grande terreur, bas. Ah! (Il recule lentement et va fuir.)

PÉTRUCCI. Eh bien! drôle, m'entends-tu? Prends, et ne manque pas. Je suis peu sensible quand on ne m'obéit pas.

PATIRA, d'une voix tremblante. Je le sais bien. (Il prend la lettre et s'enfuit.)

PÉTRUCCI, le regardant. Qu'a donc cet imbécile? (Se retournant.) Madame la marquise de Rocheval.

SCÈNE XII.

PÉTRUCCI, MADAME DE ROCHEVAL.

MADAME DE ROCHEVAL. Je n'y puis plus tenir! Elle l'emporte! baron, le public s'enivre d'admiration, et il me semble que son regard insolent s'arrête sur moi pour me braver... Ces imbéciles que j'ai payés...

PÉTRUCCI. Ils manquent d'un prétexte... je vais le leur fournir... j'ai moi-même avec celle que vous poursuivez une vieille dette du même genre que la vôtre...

MADAME DE ROCHEVAL. Vous?...

PÉTRUCCI. Il y a place sur le théâtre... je vais m'y asseoir; j'attacherai mon regard sur la Lecouvreur, et si j'en juge par l'effroi que je lui ai déjà inspiré.

MADAME DE ROCHEVAL. Comment?

PÉTRUCCI. C'est mon secret; mais aussitôt qu'elle m'aura reconnu, son étonnement... son trouble... Si vos hommes sont intelligents, ils auront la partie belle.

MADAME DE ROCHEVAL. Eh bien! j'attends ici l'effet de vos promesses. (Pétrucci sort par le fond.) Cet homme comprend la haine à merveille.

SCÈNE XIII.

MADAME DE ROCHEVAL, M. DE GRANDPRÉ.

M. DE GRANDPRÉ, rentrant par la droite. Je me suis oublié dans de tristes pensées. (Il se rencontre vis-à-vis madame de Rocheval.) Mais c'est bien madame la marquise de Rocheval que j'ai l'honneur de saluer?

MADAME DE ROCHEVAL. M. de Grandpré.

M. DE GRANDPRÉ. Vous me reconnaissez?

MADAME DE ROCHEVAL. Étant toute jeune fille encore, je vous avais vu à Paris... avant l'époque où vous vous êtes décidément confiné en province. Dans ce temps-là, vous faisiez encore des excursions dans la capitale; tant vous aviez de peine à quitter cette vie agitée de votre jeunesse.

M. DE GRANDPRÉ. Comment, vous vous rappelez?

MADAME DE ROCHEVAL. Je suis de Bretagne, et, dans mon enfance, on parlait d'une aventure, d'une séduction, d'un enfant très-mauvais sujet qu'on a fait partir.

M. DE GRANDPRÉ, avec impatience. De grâce... ne parlons plus.

MADAME DE ROCHEVAL. C'est juste... il est venu par là-dessus des légitimes... deux filles... je crois... Votre aînée est mariée?

M. DE GRANDPRÉ, avec effort. L'aînée est morte... et vous comprenez que ces souvenirs!

MADAME DE ROCHEVAL. Ne doivent pas me faire oublier que la patience n'est pas le côté dominant de votre caractère. C'est ce que j'avais déjà cru voir... malgré toute la grâce hospitalière que vous avez mise à me recevoir, il y a quelques années, lorsque je passai à votre château, en Champagne... Je me rappelle surtout...

M. DE GRANDPRÉ. Quoi donc?

MADAME DE ROCHEVAL. Dans la galerie, un grand portrait de femme... un très-beau morceau... (A part.) L'original du médaillon. (Haut.) N'était-ce pas madame de Grandpré?

M. DE GRANDPRÉ. Elle-même.

MADAME DE ROCHEVAL, à part. La Lecouvreur sa fille!... Mais je vous retiens ici.

M. DE GRANDPRÉ. Dans la salle... la chaleur m'accablait...

MADAME DE ROCHEVAL. Venez donc dans ma loge... C'est la plus grande du théâtre. (A part.) Il reconnaîtra Adrienne...

M. DE GRANDPRÉ. Mais ma jeune fille m'attend. (Bruit. — Tumulte lointain.)

MADAME DE ROCHEVAL. Je ne vous laisse point partir... je dois vous rendre ici votre ancienne hospitalité. (A Pétrucci qui rentre.) Eh bien?

PÉTRUCCI. L'effet est produit.

MADAME DE ROCHEVAL, à part. Flétrie devant son père... (Haut.) Votre bras, monsieur de Grandpré. (Elle sort avec M. de Grandpré.)

PÉTRUCCI. Je serais curieux de savoir si Zerbine obéira à ma lettre... Pauvre fille!... ce serait malheureux pour elle de ne pas profiter d'un de mes jours de douceur. (Grand bruit au dehors; il sort par la troisième porte de gauche.)

SCÈNE XIV.

LA JOUVENOT, PATIRA, DUFRESNE, SARRASIN, ADRIENNE LECOUVREUR, puis GRANDPRÉ, BALLAGNY, MADAME DE ROCHEVAL.

LA JOUVENOT. Patira! Patira!

PATIRA. Qui m'appelle?...

LA JOUVENOT. Mais viendras-tu, malheureux? tu n'entends pas le tumulte. (Bruit.) Adrienne se trouve mal!

PATIRA. Elle se trouve mal! Ah! je cours auprès d'elle. (Il sort.)

LA JOUVENOT. Je ne sais ce qui l'a troublée... la mémoire lui a manqué... on a murmuré... alors elle a perdu la tête... le public s'est fâché... on l'a sifflée... tout comme une autre... Il fallait bien qu'elle eût son tour... (Bruit.) Tenez, on l'apporte évanouie... Place, ouvrez la porte de la terrasse... de l'air! (On apporte Adrienne sans connaissance. Ballagny, et des spectateurs entrent et se pressent autour d'elle.)

M. DE GRANDPRÉ, à part. Elle! la malheureuse! c'était elle!..

MADAME DE ROCHEVAL. Ma vengeance est complète pour ce soir.

BALLAGNY. Des sels! tenez... mon flacon. (Il fouille ses poches.)

MADAME DE ROCHEVAL. On vous l'a volé aussi, mon beau cousin?

BALLAGNY. C'est parbleu vrai.

LA JOUVENOT. Faites donc un peu de place. Prenez ce diadème qui lui écrase la tête, ce collier, ce portrait qui était sur son sein. (Plusieurs personnes ont pris les divers objets. M. de Grandpré saisit le portrait.)

M. DE GRANDPRÉ, à part. Le portrait de sa mère! Oh! elle ne le retrouvera pas.

PATIRA. Souffrante... Elle a besoin de moi; je ne porterai pas cette lettre... (Il jette la lettre au feu.)

TROISIÈME TABLEAU.

Intérieur de l'appartement de mademoiselle Adrienne Lecouvreur.

SCÈNE PREMIÈRE.

ADRIENNE LECOUVREUR, NICOLE, puis PATIRA.

ADRIENNE, entrant en déshabillé, pâle et pensive. Personne n'est venu pour moi de l'archevêché ?

NICOLE. Non, Madame, mais de la Comédie-Française...

ADRIENNE. De la Comédie-Française... je ne reçois pas.

NICOLE. C'est l'allumeur, le petit Patira.

ADRIENNE. Patira... pauvre garçon !.. je veux le voir encore une fois... qu'il entre... (Elle s'asseoit.)

PATIRA, entrant. Comment êtes-vous à présent, maîtresse?.. je viens savoir de vos nouvelles de la part de la Comédie... j'étais déjà venu pour mon compte au point du jour... Mon Dieu... comme vous êtes pâle !..

ADRIENNE. Ce n'est rien... Qu'as-tu à me dire?

PATIRA. On m'envoie savoir si nous pouvons mettre demain les Horaces...

ADRIENNE. Non... il faut changer le spectacle...

PATIRA. Comment ! Mais quel jour alors rentrerez-vous ?

ADRIENNE. Que la Comédie-Française ne compte plus sur moi..

PATIRA. Mais qu'est-ce qu'ils deviendront sans vous? Et moi... qu'est-ce que je deviendrai?..

ADRIENNE. On te recommandera, et ils te conserveront ton emploi...

PATIRA. Mais qu'est-ce que cela me fait, mon emploi?.. Écoutez, maîtresse, je n'ai jamais eu que deux personnes qui m'aient aimé... ma mère et vous !..

ADRIENNE. Ta mère!.. toi aussi, tu es orphelin?

PATIRA. Et bien cruellement!

ADRIENNE. Tu pleures !.. parle-moi de tes chagrins... Si je pouvais te consoler, ce serait une dernière joie, du moins.

PATIRA, s'agenouillant devant Adrienne. Ma mère!.. elle était mon seul amour... Un Européen l'a enlevée, car elle était belle, jeune... et puis, à la suite d'une orgie, cet homme et ses amis, ivres, avaient mis le feu à l'habitation... Moi qui étais resté à la porte, je voulais porter secours à ma mère... on me repoussa à coups de bâton... un paria n'a pas le droit de sauver sa mère... On a bien retiré des flammes le blanc et ses amis... puis l'habitation s'est écroulée... et ma pauvre mère... Brahma a puni cet infâme... j'avais tant maudit le nom du comte de Tréville...

ADRIENNE, se levant. Tréville!.. le comte de Tréville?..

PATIRA. Oui.

ADRIENNE. Ce nom... ce séjour aux Indes... c'est lui... plus de doute... Oh ! quand je l'ai vu... lui...

PATIRA. Vous ne pouvez l'avoir vu en France, maîtresse...

ADRIENNE. Pourquoi?

PATIRA. Parce qu'il a été assassiné devant moi, à trois lieues de Pondichéry... J'ai été, par hasard, témoin du crime; le meurtrier m'a surpris, et, s'il m'a fait grâce, c'était pour me réserver un sort plus terrible que la mort!..

ADRIENNE. C'est étrange... mais que m'importe maintenant, après tout... Dis-moi, n'as-tu pas, pour te consoler, ce narcotique étrange qui te jette dans des rêves où tu trouves le paradis?

PATIRA. Oui.

ADRIENNE. Eh bien! ce narcotique... il faut m'en donner.

PATIRA. Que dites-vous?

ADRIENNE. Oui, un essai... une fantaisie... N'ai-je pas besoin d'oubli, d'illusions... moi qui suis paria au sein de cette société, comme tu l'étais dans l'Inde...

PATIRA. Ah ! maîtresse!.. vous voulez me tromper... vous voulez mourir !

ADRIENNE, à part. Il a deviné ma pensée !..

PATIRA. Et vous voulez que je vous en donne le moyen?.. Tenez, maîtresse, autrefois, dans l'Inde, j'étais chassé, poursuivi avec exécration; j'errais dans les campagnes, sous la pluie, sous l'orage, mettant au bord du chemin mon chapeau... et appelant la pitié des passants par des cris plaintifs, car il ne m'était même pas permis de m'approcher d'eux; mais lorsqu'un rayon de soleil venait à percer les nuages, je n'étais plus proscrit... je n'étais plus seul... je n'étais plus même tout à fait orphelin... Eh bien ! c'est vous, maintenant, qui êtes pour moi... le soleil... si vous disparaissez, me voilà pour toujours dans le malheur et dans la nuit!.. Et vous voulez que ce soit moi qui vous tue?..

ADRIENNE. Pauvre ami!

PATIRA. Ma parole ne peut rien pour vous arrêter... eh bien ! je cours vers vos camarades... il faut qu'ils vous consolent, vous persuadent... qu'ils vous fassent vivre... Ah! si vous étiez inflexible... que le ciel me prenne en pitié!.. Adieu, maîtresse!.. adieu !..

SCÈNE II.

ADRIENNE LECOUVREUR, seule, puis D'ARGENTAL, NICOLE.

ADRIENNE. J'avais encore une illusion, ma gloire, mes succès... ils me sont ravis... une consolation, le portrait de ma mère... et je ne sais quel génie malfaisant m'en a privé!.. Que me reste-t-il donc?

NICOLE. Madame... Madame... il y a là quelqu'un qui veut vous parler à l'instant.

ADRIENNE. Mais je ne veux recevoir personne.

NICOLE. C'est que, Madame, si vous saviez ce qu'il dit, que Madame doit être victime d'un horrible complot... qu'elle a été défigurée!.. oh ! des choses effrayantes...

ADRIENNE. Quelle étrange idée !..

NICOLE. Eh ! tenez, le voilà qui est entré malgré les domestiques.

D'ARGENTAL, entrant. Laissez-moi... laissez-moi... il faut que je lui parle... Ah! c'est elle... belle et pure toujours... Mon Dieu, je vous rends grâce!.. (Il tombe à genoux.)

ADRIENNE. Relevez-vous... relevez-vous, Monsieur...

D'ARGENTAL. Non... non, Madame, laissez-moi ainsi... ce doit être ma place... jusqu'à ce que j'aie expié...

ADRIENNE. Eh ! quoi donc?

D'ARGENTAL. Mes soupçons... mes soupçons infâmes...

ADRIENNE. Quels soupçons?

D'ARGENTAL. Ces bruits répandus, ces sorties nocturnes; j'ai voulu tout vérifier...

ADRIENNE. Eh bien?

D'ARGENTAL. Cette nuit, à minuit et demi, une femme est sortie, seule, à pied, de cette maison : je l'ai suivie. Vous vous êtes dirigée...

ADRIENNE. Moi?

D'ARGENTAL. Oui, c'était vous, pour le costume, la démarche, la tournure.

ADRIENNE. Quelle infernale machination!

D'ARGENTAL. Cette femme est entrée dans une maison de la rue Guisarde. Avec quelques louis j'ai facilement obtenu du concierge la permission de pénétrer dans la cour... Là, j'ai attendu... une seule fenêtre au second était éclairée... Au bout d'un quart d'heure j'ai entendu un horrible cri d'angoisse... La fenêtre s'est ouverte, une femme y a paru, le visage ensanglanté, éperdue, criant au secours!.. c'était le même costume... la même femme... Je me suis précipité dans l'escalier, j'ai appelé, on est venu, on a enfoncé la porte, tout avait disparu sans qu'on n'ait pu découvrir aucune issue...

ADRIENNE. Comment! aucune trace?

D'ARGENTAL. Aucune, si ce n'est des taches de sang sur le parquet...

ADRIENNE. Horreur !

D'ARGENTAL. Jugez de mon désespoir, je croyais vous avoir reconnue... Oui, j'avais pu penser un instant que ce cœur si noble pouvait être le prix d'un marché honteux!.. Ah! oui ! je vous dois une expiation... Adrienne... ma vie, mon nom, ma fortune... tout est à vos pieds!..

ADRIENNE. M. D'Argental !

D'ARGENTAL. Quand j'étais là, chaque soir, haletant... suspendu à vos lèvres... sentant mon âme naître au bonheur quand retentissaient les applaudissements, éperdu de fureur et d'indignation quand d'indignes ennemis vous poursuivaient, est-ce que vous ne m'avez pas compris?.. est-ce que, seule, vous avez pu ignorer que je vous aime... et pour toujours?...

ADRIENNE. Arrêtez, monsieur d'Argental... c'est à moi de vous guérir d'une passion insensée, et de vous rendre le repos.

D'ARGENTAL. Le repos!..

ADRIENNE. Il vous suffira d'écouter l'histoire de ma vie. (Ils s'asseoient tous deux.) Et cependant j'étais plus près de vous par la naissance que vous ne pouviez le supposer... Lecouvreur n'est pas mon nom... Fille d'un gentilhomme de province, mes premières années furent tranquilles et respectées... J'avais près de quinze ans... et ce bonheur domestique semblait devoir s'accroître par la naissance d'une jeune sœur... Elle coûta la vie à ma mère... et, dès ce moment, commencèrent tous mes malheurs!..

D'ARGENTAL. Achevez!..

ADRIENNE. Un jour qu'un volume de Racine était tombé entre mes mains, j'avais senti s'éveiller en moi mes premières aspirations qui m'ont coûté si cher... Une circonstance fatale vint me forcer à réaliser ce rêve, que je repoussais encore... Mon père avait contracté des engagements avec une grande famille qui habitait les Indes il y a dix ans, quand M. de Tréville arriva en France et me fut présenté comme époux... Je me sentis défaillir... mon sang se retira vers mon cœur... ce n'était pas une aversion explicable, c'était un instinct indicible d'horreur et d'épouvante que rien ne justifiait, que rien ne pouvait affaiblir... Je me jetai aux pieds de mon père... je lui déclarai que cette union, c'était ma mort... Mon père fut inflexible... le jour de notre union fut fixé... Il me semblait que je glissais vers un abîme, et j'ai fui!..

D'ARGENTAL. Vous !..

ADRIENNE. J'étais bien coupable... mais un événement inattendu m'a prouvé que, peut-être, mon horreur pour cet homme pouvait être légitime...

D'ARGENTAL. En effet... et si je me souviens bien, une histoire sinistre se rattache à ce nom... Mais, continuez...

ADRIENNE, se levant. Vous devinez le reste. Depuis, je n'ai pas revu ma famille, mon père dont je redoutais le courroux, ma sœur que j'ai laissée tout enfant encore... Seule, sans ressources, cette gloire du théâtre, qui n'était d'abord pour moi qu'une vague tentation, devint une nécessité... un refuge!... lorsque mon amour fut méconnu par un illustre ingrat à qui toute mon âme s'était donnée, et pour qui je ne fus qu'un jouet, un caprice de quelques instants.

D'ARGENTAL. Ah!

ADRIENNE. Eh bien! jusqu'à présent, toutes mes luttes de la scène, quel que fût l'acharnement, l'audace de la haine et de l'envie, avaient été couronnées pour moi par un triomphe éclatant... par l'oubli de toutes mes souffrances... Mais hier, ce même homme qui m'avait coûté déjà le repos... la sécurité du foyer domestique...

D'ARGENTAL. Grand Dieu!...

ADRIENNE. Lui, que je n'ai jamais revu, il était hier à ces places réservées sur la scène aux gentilshommes.

D'ARGENTAL. Lui!... Se peut-il?

ADRIENNE. Et cependant, je cherchais encore à lutter contre sa sinistre influence... Tout à coup... j'aperçus... oh! comble de fatalité!.. là... dans une loge... près de moi... mon père!.. Oui, sa figure pâle, vengeresse... Il me maudissait de son silence... Sous tant d'émotions, ma mémoire se troubla... et un implacable affront venant briser ma dernière illusion... oh! le sort n'avait fait encore que me torturer, aujourd'hui il m'insulte,.. je n'y survivrai pas.

D'ARGENTAL. Ah! demain l'enthousiasme du repentir vous vengerait; mais quittez ce public ingrat, indigne désormais de vous applaudir. Venez... venez... un ami vous consacre à jamais son existence... Si ma famille me blâme, je la renie... si le monde me réprouve, je le fuis. Venez... venez... un cœur comme le vôtre, Adrienne, vaut bien qu'on lui sacrifie tout le reste de l'univers...

ADRIENNE. Généreux ami, oh! pour tant de dévouement, Dieu vous doit une récompense, mais ce n'est pas moi qui puis vous l'apporter.

D'ARGENTAL. Adrienne...

ADRIENNE. Il y a douze ans... honorée, digne de vous, j'aurais pu accepter ce bonheur... Aujourd'hui... recevez mes remercîments et mes adieux... je ne puis être heureuse... mais je puis être réhabilitée par vous... je vous laisse ce soin...

D'ARGENTAL. Oh! oui... l'on saura la vérité sur le piége infâme qui vous a été tendu... La malheureuse qui a servi d'instrument à cette vengeance en a été punie la première...

ADRIENNE. Mais il faut avant tout la secourir... et venger cette victime... Pour vous, magistrat... c'est un devoir... allez... courez. .

D'ARGENTAL. Vous avez pitié d'elle... d'elle qui vous trahissait si indignement! N'importe... je cours vous obéir... vous me permettrez de vous revoir. (Mouvement d'Adrienne.) Oh! vous ne pouvez me refuser!.. Votre ami, votre confident, votre frère... votre esclave respectueux à vos pieds, tout, plutôt que d'être éloigné de vous... Adrienne! Non... on ne décourage pas... on n'éloigne pas un amour comme le mien. Je reviendrai... Adrienne, je reviendrai!

SCÈNE III.

ADRIENNE LECOUVREUR, seule. Quand il reviendra... il ne me retrouvera plus... ma décision est irrévocable... Je n'ai qu'une seule consolation au moment de mourir, c'est que mon père, qui a renié sa fille vivante, ne maudira peut-être pas ma mémoire. Oui, il saura du moins que ce talent, que ces succès si vite éclipsés, et qu'il croyait déshonorants, ont servi à quelques bonnes œuvres... Une lettre du digne archevêque de cette capitale, une lettre que j'attends, qu'on trouvera sur moi, lui dira quel était l'emploi de ces richesses qu'on m'enviait.

SCÈNE IV.

ADRIENNE LECOUVREUR, LA JOUVENOT.

LA JOUVENOT, au fond. Mais... j'entrerai... vous dis-je... j'entrerai... il s'agit du répertoire. (Apercevant Adrienne.) Enfin, je savais bien que tu étais là, que je te verrais, que je te consolerais, moi, ta meilleure amie.

ADRIENNE, à part. Jouvenot!... quel tourment!...

LA JOUVENOT. Ah çà!.. qu'est-ce que cet imbécile de Patira nous a dit... que tu ne veux plus jouer?... est-ce que c'est possible... Mais nous ne te laisserons pas partir! le règlement ne le permet pas...

ADRIENNE. Ah! je serai bien vite oubliée.

LA JOUVENOT. Allons! allons, tu es en colère? Ça se conçoit; mais tout ce désespoir pour un méchant coup de sifflet!... Ce n'était pas ton talent qu'on sifflait, console-toi. Oh! ton talent est incontestable... et quand il baisserait un peu, tes succès passés te protégeraient!... Mais ces bruits absurdes qu'on avait répandus et auxquels on croyait encore hier soir.

ADRIENNE. Infamie!

LA JOUVENOT. Rassure-toi... on sait à quoi s'en tenir. On sait qui prenait tes vêtements pour te compromettre... Une actrice de la foire Saint-Germain... Zerbine. Ainsi, et pour ce qui regarde le rendez-vous...

ADRIENNE. Comment?... est-ce que la calomnie ne s'est pas arrêtée là?

LA JOUVENOT. Ah c'est encore plus absurde...Tu n'ignores pas sans doute que Zerbine est défigurée horriblement... Eh bien! on prétend que c'est toi qui, dans l'excès d'une vengeance au fond bien légitime...

ADRIENNE, à part. Moi!.. L'on a pu croire... Ah! on veut donc que j'aie encore plus hâte de quitter la vie!..

LA JOUVENOT. Ah çà! c'est convenu... tu nous reviens... Tu es affichée pour demain... et tu vas venir répéter... D'abord tu t'épargneras une visite ennuyeuse...

ADRIENNE. Laquelle?

LA JOUVENOT. Mon Dieu! celle de cette jeune fille que tu as vue hier au foyer et que tu avais la faiblesse de vouloir faire débuter... On ne l'a pas laissée entrer, mais elle est demeurée là obstinément à t'attendre, quand moi j'ai forcé la consigne.

ADRIENNE sonne Nicole qui entre. Faites entrer la personne qui m'attend... Oh! je puis faire une bonne action!..

LA JOUVENOT. Oui, pour toi, mais pour nous de la concurrence.

SCÈNE V.

ADRIENNE LECOUVREUR, MARIANNE, LA JOUVENOT.

ADRIENNE. Approchez, Mademoiselle.

MARIANNE. Je venais... Madame...

ADRIENNE. Je sais... vous voulez entrer au théâtre... ne comptez pas sur moi.

LA JOUVENOT. A merveille!

MARIANNE. Mais pourtant, Madame, vous m'aviez promis...

ADRIENNE. Je retire ma promesse.

LA JOUVENOT. Voilà une brave fille.

MARIANNE. Mais si vous saviez...

ADRIENNE. Je ne veux rien entendre... je serais votre plus cruelle ennemie si je ne vous arrêtais dans ces projets insensés.

LA JOUVENOT, bas à Adrienne. De mieux en mieux. Décourage-la encore... Mais voici l'heure de la répétition, je vais dire qu'on t'attende... Moi, je ne suis pas comme les grands talents... on me met à l'amende quand je manque... (A Adrienne.) A bientôt... (A part.) Ah! pauvre Lecouvreur! je peux dire qu'ici j'ai fait tout ce que j'ai pu pour la consoler.

SCÈNE VI.

ADRIENNE LECOUVREUR, MARIANNE.

MARIANNE, timidement. Madame...

ADRIENNE. Eh bien! Mademoiselle, que voulez-vous encore? Je vous ai parlé franchement, et je n'ai pas à revenir sur ma réponse.

MARIANNE. Hélas!.. Madame... si ce n'était qu'une vocation, je ne l'aurais pas écoutée... mais, ne vous l'avais-je pas laissé deviner, le plus impérieux de tous les motifs.. la perte d'un procès a fait aliéner à mon père ses dernières ressources. Quoique bien vieux, il a voulu reprendre du service; son placet est resté oublié dans le carton du ministère... que deviendrait-il si je ne lui viens pas en aide. (Musique douce.)

ADRIENNE. Mais vous n'avez donc pas d'amis, de famille?..

MARIANNE. Quand on est malheureux!..

ADRIENNE. Pauvre enfant... Mais votre père consent donc?

MARIANNE. Il ne le sait pas, Madame; mais je dois lui désobéir pour le sauver. Tenez, si vous vouliez seulement m'entendre; veuillez prendre ce volume pour me faire dire une scène.

ADRIENNE. Ce volume... mon Dieu... je ne me trompe pas!..

MARIANNE. Qu'avez-vous donc?

ADRIENNE, à part. Oui, c'est bien celui où j'ai puisé mes premières inspirations... Oh! j'y lis ce que mon cœur me disait... C'est elle! Marianne! ma petite Marianne... ma sœur!..

MARIANNE. Eh bien, Madame, vous ne m'écoutez pas?.. Me refuserez-vous quand j'ai dû vous avouer que la misère...

ADRIENNE. La misère... la misère... vous!.. est-ce que c'est possible... est-ce que je ne suis pas riche, moi?

MARIANNE. Vous, Madame... Mais nous ne pouvons accepter... Pardonnez, mais mon père est si fier... et une étrangère...

ADRIENNE. C'est vrai... je suis une étrangère... (A part.) Oh! mon père... mon père, me déshériterez-vous même du droit de vous sauver?.. Oh! je saurai bien le reprendre. (Haut.) Enfant, rassurez-vous... comptez sur moi... mais il faut renoncer à votre projet... ce serait briser le cœur de votre père... N'a-t-il pas assez de ses premiers malheurs?

MARIANNE. Eh bien! Madame, faut-il tout vous dire? Oui... car je ne sais pourquoi, il me semble tout naturel que je me confie à vous... comme si je vous connaissais dès longtemps. Eh bien! cette barrière qui semble s'élever entre tout ce qui appartient au théâtre et la classe où je suis née... cette barrière, je l'implore comme une sauvegarde.

ADRIENNE. Contre qui?

MARIANNE. Contre moi-même, contre mon cœur! malgré moi, vous le dirai-je... il s'est donné à un homme, dont presque enfant encore je n'avais pas attiré l'attention, à un homme que je ne puis épouser; car mon père, sans doute à tort, le déteste, et quand ce nouvel obstacle s'élèvera entre nous, mon cœur sera plus tranquille peut-être.

ADRIENNE. Elle souffre... il y a plus qu'à secourir, il y a à consoler... Ah! j'ai encore une mission sur la terre. (Haut.) Eh bien! parlez... tout n'est pas désespéré encore peut-être. Quel est cet ennemi... que vous aimez?.. quel est son nom?..

SCÈNE VII.

MARIANNE, ADRIENNE LECOUVREUR, D'ARGENTAL.

D'ARGENTAL. Me voici, Madame, j'ai accompli vos volontés.

MARIANNE. Lui. Ah! qu'il ne me voie pas ici. (Elle se couvre de son voile.)

ADRIENNE, à part. Elle a pâli et rougi à la fois... Oh! je comprends...

D'ARGENTAL. J'ai fait chercher la malheureuse que vous m'avez recommandée... On l'a vue rentrer chez elle dans un état affreux... elle a écrit une lettre qu'elle a envoyée mystérieusement, puis, au point du jour, elle a disparu.

ADRIENNE. Merci... merci... monsieur d'Argental... mais j'aurai à vous parler...

SCÈNE VIII.

LES MÊMES, PATIRA.

PATIRA, entrant. On n'accepte pas votre démission... Madame... on vous attend pour la répétition; mais moi qui vous avais vue ce matin malade... j'ai dit que vous n'iriez pas...

ADRIENNE. Et tu as eu tort... A l'instant même... ma chaise... Je suis en retard pour la répétition.

PATIRA. Comment... vous qui ce matin...

ADRIENNE. Oh! ce matin ma vie était finie... maintenant elle recommence...

D'ARGENTAL. Que dit-elle... cette physionomie joyeuse?

ADRIENNE. Si j'ai des ennemis, je les combattrai... s'il est des trahisons, je leur échapperai... Maintenant j'ai du courage, une espérance... des devoirs!.. maintenant je veux avoir des succès, de la gloire, de la fortune... maintenant je ne suis plus seule au monde!..

PATIRA. Quelle bonne nouvelle!.. je cours l'annoncer à la Comédie! (Il sort rapidement.)

D'ARGENTAL. Que dites-vous, Adrienne?... et vous permettez que nous nous revoyions?..

ADRIENNE. Oui... nous nous reverrons... (Regardant Marianne.) Et vous, mon enfant!.. Oh! ne m'accusez pas.. ayez confiance... dans un cœur qui vous est tout dévoué... et permettez-moi de vous embrasser... (Elle relève le voile de Marianne.)

D'ARGENTAL. Cette jeune fille!.. ses traits ne me sont pas inconnus...

SCÈNE IX.

LES MÊMES, POULAILLER, vêtu en vieux pauvre, avec un abat-jour.

NICOLE. Madame, la chaise est prête.

ADRIENNE. A bientôt, monsieur d'Argental! Mon enfant, vous reviendrez, n'est-ce pas?

POULAILLER, à part. Un pacte terrible me lie!.. Je sers un démon... Je te plains, Adrienne... Hier, c'était ma vengeance qui te poursuivait; aujourd'hui, c'est ma sûreté qui te sacrifie!

ADRIENNE, apercevant Poulailler sans le reconnaître. Quel est cet homme? Que voulez-vous?

POULAILLER. Madame... c'est un paquet cacheté que je vous apporte de la part de monseigneur l'archevêque.

ADRIENNE. De la part de l'archevêque?... Ah! je sais ce que c'est... Mais il ne s'agit plus de cela... je n'ai pas le temps... en ce moment.

POULAILLER, à part. Je le prévoyais bien.

ADRIENNE, mettant le papier dans sa poche. C'est bien... je verrai...

POULAILLER. Sur elle... elle l'emporte sur elle... notre plan réussira.

QUATRIÈME TABLEAU.

Le théâtre représente le pont Neuf, vu obliquement. A droite, au premier plan, une petite boutique demi-circulaire; puis le parapet se terminant au quai des Lunettes; en perspective le reste du pont; à gauche, boutique semblable à la première, au premier plan, puis la Samaritaine et le terre-plein. On entre et on sort à droite et à gauche, en avant du premier plan. La boutique de gauche est une boutique de marchande de fleurs; quelques caisses et des corbeilles placées au-devant entourent des chaises sur lesquelles les acheteurs s'assoyent pendant qu'on fait leurs bouquets. Un garçon arrange des fleurs et surveille le magasin. — Au lever du rideau, une grande foule est penchée sur le parapet de droite, pour regarder dans la rivière; quelques curieux cherchent à voir par-dessus les épaules du second rang, et, désappointés de ne rien apercevoir, se forment en groupes pour causer et interroger.

SCÈNE PREMIÈRE.

HARPIN, GRIPAULT, PATAUT, UN GARÇON, à sa boutique, PASSANTS qui vont et viennent.

UN PASSANT, en accostant un autre. Qu'y a-t-il donc là, Monsieur?

DEUXIÈME PASSANT. Je ne peux pas trop vous dire, des bateliers sont occupés à retirer de l'eau un sac.

PREMIER PASSANT. Un sac de quoi?

DEUXIÈME PASSANT. On ne sait pas encore. Seulement ce sac paraît renfermer un corps très-lourd.

PREMIER PASSANT. C'est extraordinaire... je vais tâcher de voir par-dessus le parapet. (Il se dirige du côté où est déjà allé le plus grand nombre de curieux.

SCÈNE II.

LES MÊMES, UN VALET DE PIED, GERVAISE, POULAILLER, MADAME DE ROCHEVAL.

(Une chaise, près de laquelle marche un valet de pied qui s'arrête devant la boutique de Gervaise.)

LE VALET DE PIED, s'avançant vers la boutique. Madame Gervaise!

GERVAISE, accourant. Voilà! voilà!

LE VALET DE PIED. Un bouquet pour madame la marquise de Rocheval.

GERVAISE, rentrant dans sa boutique. Dans deux minutes, madame la marquise.

POULAILLER, en homme du peuple, s'approchant de la portière de la chaise. Madame la marquise me permet-elle de lui présenter mes hommages.

MADAME DE ROCHEVAL. Vous, sous ce déguisement!

POULAILLER. Si madame la marquise voulait quitter un moment sa chaise, nous causerions plus commodément. (Le valet de pied ouvre la chaise; madame de Rocheval en descend; le valet de pied s'éloigne.)

MADAME DE ROCHEVAL. J'admire votre audace.

POULAILLER. Pour exécuter vos ordres que ne ferait-on pas!

MADAME DE ROCHEVAL. Vous faites bien de vous souvenir que j'ai le droit de commander.

POULAILLER. Un instant, rétablissons les faits. Lorsque cette nuit on frappait à la porte de cette chambre, j'étais perdu si je n'avais d'avance deviné le secret qui ouvrait la porte de communication avec votre appartement; j'ai eu le tort de vous effrayer par une apparition trop subite.

MADAME DE ROCHEVAL. M'effrayer, dites-vous? quels ont donc été mes premiers mots?

POULAILLER. Comme Zerbine en se débattant prononçait mon nom, vous avez dit : Poulailler, tu es mon esclave.

MADAME DE ROCHEVAL. Oui, mon esclave.

POULAILLER. Vous souvenez-vous de ce que j'ai répondu?

MADAME DE ROCHEVAL. Qu'importe!

POULAILLER. Il importe beaucoup. Je vous ai dit: Esclave? non; complice? oui.

MADAME DE ROCHEVAL. Vous osez...

POULAILLER. Et vous avez accepté, car vous m'avez posé des conditions.

MADAME DE ROCHEVAL. Je voyais ma vengeance m'échapper, j'ai voulu...

POULAILLER. La ressaisir plus éclatante et plus complète, rien de plus naturel, et je vous ai promis qu'aujourd'hui même un grand coup serait tenté contre votre ennemie. Vous me voyez en costume de travail.

MADAME DE ROCHEVAL. Tout à l'heure, j'ai cru vous rencontrer sous d'autres habits.

POULAILLER. Oui, je sortais de chez la Lecouvreur.

MADAME DE ROCHEVAL. Pourquoi y être allé?

POULAILLER. Pour lui remettre un papier qu'il est bon qu'on surprenne sur elle.

MADAME DE ROCHEVAL. Et ce soir?

POULAILLER. Non pas ce soir, avant deux heures.

MADAME DE ROCHEVAL. En plein jour?

POULAILLER. En plein jour. Un guet-apens vulgaire eût été dangereux; l'affaire de cette nuit a mis la police sur pied.

MADAME DE ROCHEVAL. Où est Zerbine?

POULAILLER. Où elle est, elle ne peut nous nuire; j'espère bien même qu'elle nous servira.

GERVAISE, sortant de sa boutique. Madame la marquise, voici votre bouquet.

MADAME DE ROCHEVAL. Merci! (Gervaise rentre; à Poulailler.) Réussissez, à ce prix votre impunité...

POULAILLER. Pour être sûr de vous, je n'ai pas besoin de succès; mais il est juste de se rendre de petits services entre collaborateurs.

MADAME DE ROCHEVAL, à part. Le misérable! (Haut en remontant dans sa chaise.) Il n'y a pas de danger?...

POULAILLER. Je vais avoir l'honneur de vous accompagner jusqu'au Louvre. (La chaise près de laquelle marche Poulailler s'éloigne par la droite; dans le fond Harpin fait entendre un cri particulier. A ce signal Gripault se détache d'un groupe.)

GRIPAULT. Me voici, caissier!...

HARPIN. Il n'y a pas de caissier ici; il faut réserver pour les circonstances officielles les titres qui peuvent compromettre; quand je rends un compte à la société je suis caissier, ici je ne suis qu'un simple travailleur comme vous.

GRIPAULT. Pardon, caissier.

HARPIN. Pourquoi donc monsieur Pataut n'est-il pas venu précédemment au signal?

PATAUT. C'est le regret qui m'arrêtait.

HARPIN. Quel regret?

PATAUT. J'avais cru l'occasion belle, au milieu de cette foule, de faire mes premières preuves.

HARPIN. Le fait est que depuis un an tu n'as pas encore pu apporter le plus petit objet à la masse.

PATAUT. Au moment où je puisais une prise dans ma tabatière j'ai aperçu, entre-bâillée devant moi, la poche d'un bourgeois penché sur le parapet; j'y ai plongé la main très-adroitement, mais j'ai été si troublé en entendant le signal que je me suis hâté de retirer ma main.

HARPIN. Sans rien prendre?

PATAUT. Et en laissant ma tabatière.

HARPIN. Ah çà! tu fais donc des cadeaux aux passants... Tu n'auras jamais d'ordre. Sais-tu bien ton récit au moins pour la scène commandée?...

PATAUT. Oui... caissier... je le repassais encore tout à l'heure.

HARPIN. A la bonne heure... Il faut toujours qu'on te souffle quelque chose, quand ça n'est pas ta tabatière, c'est ton rôle... Attention, voici la chaise de mademoiselle Lecouvreur.

SCÈNE III.

LES MÊMES, ADRIENNE LECOUVREUR, dans une chaise portée par des hommes en livrée; à côté de la chaise marche un domestique aussi en livrée. Ils arrivent par la droite et se dirigent vers le fond.

HARPIN. Remarque bien; livrée verte. (Gripault et Pataut examinent les porteurs et le domestique.)

ADRIENNE, mettant la tête à la portière et montrant la foule. Vous êtes sûr, Germain, que ce n'est pas quelque malheureux auquel on pourrait porter secours?

GERMAIN. Non, Madame, ce sont tout simplement des bateliers occupés à examiner un objet assez volumineux qu'ils viennent de retirer de l'eau.

HARPIN, à ses camarades. Collet rouge.

ADRIENNE. En ce cas, continuons notre route.

HARPIN, montrant les porteurs qui s'éloignent. Aiguillettes d'or. (La foule le long du parapet s'émeut avec des murmures d'horreur.)

HARPIN. A vos postes. (Des passants, des boutiquiers se rapprochent de manière à former un groupe au milieu du théâtre avec quelques personnes qui descendent du parapet.)

PLUSIEURS VOIX. Qu'est-ce que c'est? qu'est-ce que c'est?

UN PASSANT. Le corps d'une femme. (Mouvement.)

DEUXIÈME PASSANT. Dans ce sac?

PREMIER PASSANT. Oui, une femme morte.

PLUSIEURS VOIX. C'est abominable.

DEUXIÈME PASSANT. Encore un crime de cette infernale bande...

PREMIER PASSANT. Oui, la bande de Poulailler.

HARPIN. Attendez, attendez, Messieurs, vous jugez bien vite!

DEUXIÈME PASSANT. Est-ce que vous allez défendre ces brigands-là, vous?

HARPIN. Monsieur, soyez donc plus modéré dans vos propos, le ciel me garde de chercher à excuser ces hommes égarés...

PLUSIEURS VOIX. Égarés! il est joli! égarés!

HARPIN. Égarés par de criminelles passions. Mais ne profite-t-on pas aussi de leur présence à Paris pour mettre sur leur compte des torts qui ne leur appartiennent pas?

PLUSIEURS VOIX. Comment?

HARPIN. Certainement, Messieurs. On veut, je suppose, se défaire de quelqu'un par jalousie, par envie, par une foule de mauvais motifs enfin; on fait son affaire en catimini, puis on échappe au soupçon en mettant tout cela sur le dos de la bande de Poulailler : elle a bon dos, la bande à Poulailler.

PLUSIEURS VOIX. C'est vrai, il a peut-être raison; on a déjà parlé de ça.

HARPIN. Par exemple, dans le cas actuel, ces accusations précipitées ne sont bonnes qu'à égarer la justice; il vaudrait bien mieux que chacun cherchât dans sa mémoire et éclairât par ses renseignements les magistrats chargés de la vindicte publique.

PATAUT, dans la foule. Tiens, au fait, je me souviens, moi.

HARPIN, et les autres. De quoi vous souvenez-vous?

PATAUT. Cette nuit j'étais allé chez l'apothicaire de la place Dauphine, parce que ma femme avait, sauf votre respect, une fausse digestion; je lui rapportais des calmants et des émollients, quand, au coin du quai des Lunettes, j'ai vu quatre hommes qui portaient un paquet très-lourd. Ils ont tourné de ce côté.

TOUS. C'est bien par là.

PATAUT. J'ai passé mon chemin, mais je n'étais pas sur le milieu du pont lorsque j'ai entendu le bruit d'un poids qui tombait dans l'eau.

HARPIN. C'étaient eux. Reconnaîtriez-vous leurs figures?

PATAUT. Tiens! si je les connais!.. (Mouvement de Harpin.) C'est-à-dire non... je ne les connais pas... mais je reconnaîtrais bien leur costume.

TOUS. Leur costume!

PATAUT. Oui, ils étaient en livrée.

PLUSIEURS VOIX. En livrée! C'est quelque grand seigneur.

HARPIN. N'accusons pas encore; ce peut être quelque grande dame. Avez-vous, mon ami, remarqué la couleur de la livrée?

PATAUT. Oui, à la lueur d'une lanterne... (Hésitant.) j'ai vu...

HARPIN, à part. Se rappellera-t-il ce qu'il a vu?...

PATAUT. Des habits verts et des aiguillettes d'or.

HARPIN. Est-ce bien tout, mon ami?

PATAUT. Il y avait encore un collet rouge.

HARPIN, à part. Enfin!... j'en avais la sueur au front. (Haut.) Qu'est-ce qui peut avoir une livrée comme ça?... Vous dites un habit vert, des aiguillettes d'or et un collet rouge. Alors, ce serait une vengeance.

GRIPAULT, dans la foule. Parbleu! il est bien clair que c'est une vengeance.

HARPIN, et les autres lui faisant place. Est-ce que vous savez quelque chose de plus?

GRIPAULT. Je viens de là-bas; j'ai vu le corps de la pauvre femme. Elle est toute défigurée : les traits ont disparu.

TOUS. C'est épouvantable! C'est une horreur!

HARPIN. Il faudra bien qu'on sache quelle est la victime.

SCÈNE IV.

LES MÊMES, POULAILLER, en homme du peuple.

POULAILLER, s'avançant. On sait déjà qui c'est.

TOUS. Ah! ah! qui donc?

POULAILLER. A divers papiers trouvés sur elle, on a reconnu une actrice du théâtre de la foire Saint-Germain, qui était, dit-on, fort jolie. Quelqu'un a même dit son nom, Zerbine, je crois...

PREMIER PASSANT. Zerbine, je la connais, c'est elle qui était si gaie, qui jouait toujours les rôles les plus drôles.

POULAILLER. Est-ce que c'était elle qui parodiait d'une manière si amusante mademoiselle Lecouvreur?

PREMIER PASSANT. Justement.

POULAILLER. Alors, mademoiselle Lecouvreur ne sera pas fâchée de l'accident, car ceux qui avaient vu la parodie à la foire pouvaient difficilement s'empêcher de rire en voyant la tragédienne. C'est peut-être pour cela qu'elle a été sifflée hier soir.

HARPIN. Ah! elle a été sifflée hier soir?

POULAILLER. Et si rudement qu'elle s'est trouvée mal de rage.

UNE VOIX, dans la foule. Oui. On a déjà dit que c'était mademoiselle Lecouvreur...

DEUXIÈME PASSANT, au fond. Dites donc, voilà qu'on emporte la femme. (Tous courent au fond, et forment une haie derrière laquelle défile un cortége d'hommes de police et de porteurs.)

TOUS, allant au fond. Voyons, voyons! (Poulailler, Harpin, Gripault et Pataut seuls sur le devant de la scène.)

POULAILLER, à Harpin. Tout va bien.. la Lecouvreur ne sait pas qu'elle a sur elle la lettre que Zerbine m'a écrite quand j'ai dû prendre un parti à son égard. (A ses hommes.) C'est au moment où mademoiselle Lecouvreur repassera par ici en revenant de la répétition qu'il faudra frapper le grand coup, je serai là... en attendant, à vos rôles! Pataut, aucune tentative! je t'ordonne de garder un jour de plus ta vertu virginale... Allez, mêlez-vous à la foule, échauffez les esprits... Quand on sait s'y prendre, le badaud est encore plus méchant que bête, ou plutôt il est l'un et l'autre à la fois. (Ils vont se mêler aux groupes du fond.)

SCÈNE V.

LES MÊMES, M. DE GRANDPRÉ, MARIANNE, GERVAISE, dans sa boutique.

GERVAISE, sortant de sa boutique, où on l'a déjà vue aller et venir. Allons, voilà mon garçon qui a abandonné son poste pour aller là-bas avec les curieux. (Elle se met à arranger des fleurs, à mettre en ordre des pots et des caisses. Pendant ce temps, M. de Grandpré et Marianne, qui lui donne le bras, se sont avancés sur la scène, venant du premier plan à gauche. A la vue de la foule, Marianne s'arrête.)

MARIANNE. Mon père, cette foule me fait peur. N'allez pas plus loin.

M. DE GRANDPRÉ. Allons donc, ma fille, il n'y a rien à craindre.

GERVAISE, qui les a remarqués. Si tout ce monde fait peur à Mademoiselle, que ne s'arrête-t-elle quelques instants ici?

MARIANNE. Ah! j'accepte de grand cœur, ma bonne dame.

M. DE GRANDPRÉ. Madame, je vous remercie. (Marianne s'assied.)

GERVAISE, à M. de Grandpré qui s'approche. Mais je ne me trompe pas!... c'est à M. le baron de Grandpré que j'ai l'honneur de parler?

M. DE GRANDPRÉ. Gervaise!

GERVAISE. Moi-même, monsieur le baron. (Montrant Marianne.) Mademoiselle?

M. DE GRANDPRÉ. Oui, c'est ma fille. Marianne, je vous présente une brave femme qui était attachée à notre famille en Bretagne, et qui a été bien bonne et bien indulgente pour ma jeunesse.

GERVAISE. Que je suis aise de vous revoir, monsieur le baron. Entrez là un instant. (Baissant sa voix.) Car vous pourrez sans doute me donner de ses nouvelles.

M. DE GRANDPRÉ. De qui?

GERVAISE, toujours en baissant la voix. Est-ce que vous ne l'avez pas revu?

M. DE GRANDPRÉ, même jeu. Mais qui donc?

GERVAISE. Ce malheureux enfant qu'il y a vingt ans vous avez fait partir pour Pondichéry?

M. DE GRANDPRÉ. Ne me parlez pas de ce misérable, dont les instincts criminels m'effrayaient, et que, depuis l'enfance... je n'ai pas voulu revoir...

GERVAISE. Mais il était votre fils...

M. DE GRANDPRÉ. Silence! puisque lui-même ignorait...

GERVAISE. Ce n'est donc pas vous qui l'avez fait revenir?

M. DE GRANDPRÉ. Il est ici?

GERVAISE. Je l'ai revu dans un carrosse avec des armoiries.

M. DE GRANDPRÉ. Vous me faites trembler... Il faut que je vous parle...

GERVAISE. Oui, monsieur le baron. (Haut, au garçon qui est revenu.) Benoît, faites le plus beau bouquet de nos plus belles fleurs à Mademoiselle, pendant que M. le baron va visiter mon magasin. (Elle entre dans la boutique avec le baron.)

SCÈNE VI.

D'ARGENTAL, MARIANNE.

D'ARGENTAL, venant à la boutique, au garçon. Benoît, vous me ferez pour ce soir un bouquet que vous déposerez pour moi chez la concierge de la Comédie-Française.. Mais je ne me trompe pas.. cette jeune fille... à ce costume, je la reconnais... c'est bien celle que j'ai vue chez la Lecouvreur.. peut-être une amie.. Si j'approchais... (Il s'approche de Marianne, qui se lève et tressaille.)

MARIANNE. C'est lui...

D'ARGENTAL. Oh! n'ayez pas peur, Mademoiselle... je vous ai rencontrée chez mademoiselle Lecouvreur... déjà c'est un titre à mon intérêt... et en vous voyant ici seule... Mais je ne me trompe pas cette fois... ces traits... quoique je vous aie vue bien enfant... vous êtes mademoiselle Marianne de Grandpré.

MARIANNE. Elle-même... Monsieur.

D'ARGENTAL. Pardonnez-moi... mais je ne pouvais vous soupçonner sous ces vêtements si simples qui ne sont pas ceux d'une personne de votre rang.

MARIANNE. Mon père est ruiné, Monsieur... et qui n'a plus de fortune n'a plus de rang.

D'ARGENTAL. Ruiné... et par moi... Oh! cette simple parole est un bien cruel reproche.

MARIANNE. Ne vous accusez pas, Monsieur... la justice n'a-t-elle pas prononcé... Je ne vous reprocherai pas d'avoir soutenu vos droits, mais vous avez fait peser par la pensée le soupçon sur un vieillard dont toute la vie a été honorable... Ah! voilà... Monsieur, voilà ce que je ne puis vous pardonner.

D'ARGENTAL, à part. Pourquoi cette jeune fille me rappelle-t-elle ainsi Adrienne? (Haut.) Mademoiselle, quelqu'ait été l'arrêt de la justice... du moment où vous souffrez... du moment que votre père... est déchu du rang qu'il doit occuper... j'ai tort... je suis coupable... c'est à moi de vous demander de reprendre cette fortune que je vous ai ravie...

MARIANNE. Jamais... jamais... Monsieur, mon père n'a pu vous prouver son innocence... vous n'avez pas voulu y croire... ni lui, ni moi ne pourrions accepter de vous... ce qui ne serait pas une restitution... mais une aumône...

D'ARGENTAL. Une aumône... ce mot est cruel.

MARIANNE, saluant. Monsieur.

D'ARGENTAL. Oh! ne partez pas... ne partez pas.

MARIANNE, à part. Cet accent... cette prière... Oh! la pitié seule sans doute.

D'ARGENTAL. Restez que je vous voie... que je vous entende encore.

MARIANNE, à part. Ah! mon Dieu! on dirait qu'il m'aime.

M. DE GRANDPRÉ, dans le magasin. Marianne!

MARIANNE. Mon père... grand Dieu!.. s'il vous voyait... à votre première vue... je ne pourrai retenir sa colère... Adieu... adieu... Monsieur.

D'ARGENTAL. Vous quitter... sans avoir pu réparer...

MARIANNE. Adieu, vous dis-je...

D'ARGENTAL. Oh! à tout prix... il faut que je sache si, moi-même... si la justice n'a pas commis quelque erreur... Adrienne sera mon guide... mon conseil... mon intermédiaire s'il le faut; ce Laurent que nous regardions comme un intendant honnête et probe nous aurait-il trompé? Allons savoir ce que cet homme est devenu depuis qu'il a quitté notre famille.

SCÈNE VII.

PASSANTS, GRIPAULT, PATAUT, HARPIN, POULAILLER.

(La foule revient.)

PREMIER PASSANT. C'est horrible... une pauvre femme défigurée...

HARPIN. Quel est le misérable... qui a pu avoir des idées pareilles?

GRIPAULT. Dame!.. s'il y avait quelqu'un qui pouvait y avoir intérêt...

LE PASSANT. Mais qu'est-ce qui pouvait y avoir intérêt?

GRIPAULT. Probablement le maître des grands laquais avec des habits verts, des aiguillettes d'or et des collets rouges.

POULAILLER, s'approchant. Bah! c'était la nuit... vous avez peut-être mal vu... (Bas aux voleurs.) La chaise à porteurs de Lecouvreur, attention! (Pataut sort. — A Gripault.) Oui, vous avez peut-être mal vu... moi qui ai pour métier d'ouvrir tous les carrosses, je ne me rappelle pas avoir vu cette livrée-là...

PATAUT, qui est sorti, reparaissant. Vous ne l'avez pas vue... vous dites que vous ne l'avez pas vue?.. Eh bien justement! voilà deux domestiques habillés de même, verts, avec les aiguillettes d'or et les collets rouges, qui portent une chaise.

VOIX DANS LE FOND. Est-ce possible... Oui... collet rouge, habit vert, aiguillettes d'or.

POULAILLER. Oui... mais cette riche livrée, cette chaise dorée! ça annonce un grand seigneur, et quel est le grand seigneur qui aurait intérêt à la mort de cette pauvre fille?

VOIX DANS LA FOULE. Pourtant, ce grand seigneur, c'est peut-être l'assassin... Harpin, voici l'instant.

SCÈNE VIII.

LES MÊMES, ADRIENNE LECOUVREUR paraît.—En chemin sa chaise se trouve arrêtée par le peuple.

VOIX DE LA FOULE. C'est une femme... il y a une femme dedans.

ADRIENNE, mettant la tête à la portière. Eh bien!.. porteurs, pourquoi n'avancez-vous pas?

HARPIN. C'est la Lecouvreur.. c'est elle! Vengeance!.. vengeance!.. il faut venger Zerbine.

TOUS. Oui... vengeance!.. vengeance!..

HARPIN. A l'eau!.. à l'eau!..

TOUS. A l'eau!..

ADRIENNE. Quels cris!.. quelles menaces!.. que signifie?

HARPIN. Ça signifie, Madame, qu'une pauvre femme a été mutilée et jetée cette nuit à l'eau... et c'est vous qui l'avez défigurée et assassinée.

ADRIENNE. Moi!.. Oh! ces indignes soupçons, ils étaient donc réels... mais quelle preuve?..

HARPIN. La preuve... c'est que cette femme vous parodiait... et vous avait procuré un de ces affronts qu'on ne pardonne pas... La preuve, c'est que ce sont vos gens qui l'ont jetée à l'eau... et l'on a reconnu leur livrée qu'ils n'avaient même eu la prudence de quitter!..

TOUS. Oui... c'est infâme!.. A mort!.. à mort!..

ADRIENNE. Oh! mon Dieu! cette foule furieuse... Ah! j'ai peur... je succombe.

HARPIN. Vous voyez!.. le remords la domine... elle pâlit... elle chancelle... A mort!.. à mort l'assassin!..

TOUS. A mort!.. à mort!..

ADRIENNE. Mourir... mourir ainsi... Eh bien... non! je me défendrai... Je relève la tête, car je suis innocente... je le jure devant Dieu!..

POULAILLER. Mensonge... pour échapper à la mort.

ADRIENNE. La mort!.. Ah! Dieu que j'invoque est témoin que je ne la redoute pas... Qui... moi, avoir torturé... assassiné une pauvre créature pour la vengeance de je ne sais quel misérable amour-propre!.. Mais vous ne savez donc pas, malheureux, quel a été le but secret de toutes mes préoccupations... l'œuvre continuelle cachée de toute ma vie?..

HARPIN. Oui... la débauche et la vengeance.

D'AUTRES VOIX. Oui! oui!..

ADRIENNE. La débauche! la vengeance!.. Ah! le ciel me pardonnera si je dévoile ce mystère qui devait me survivre même!.. Mais puisque vous m'y forcez, sachez donc que le prix de mes succès était employé à soulager vos misères... Oui... oui... chaque mois, la moitié de tout ce que me rapportaient vos applaudissements se répandait dans les mansardes... les greniers... sur la place publique... pas par mes mains... par celles de notre saint archevêque... et j'en ai la preuve là, sur moi... et maintenant vous pouvez me tuer, si vous voulez... mais vous faites bien d'ensevelir mes restes dans ces flots qui les emporteront au loin. Car si vous me frappiez là aujourd'hui... demain, cette tombe que vous m'auriez ouverte! demain!.. vos mères, vos sœurs, vos filles, que j'ai passé ma vie à secourir... demain toutes ces infortunes en larmes vous en apprendraient le chemin!..

VOIX DE LA FOULE. Si c'était vrai pourtant...

POULAILLER, dans les groupes et sans se montrer. Oui... mais à notre tour il nous faut la preuve... Vous avez dit que vous avez la preuve?

TOUS. La preuve!.. la preuve!..

ADRIENNE. La preuve?.. puisqu'il vous la faut... tenez, cette lettre qui arrive à l'instant de l'archevêché, et que je ne voulais pas rendre publique... mais, puisqu'il le faut... ouvrez et lisez.

POULAILLER, passant le billet à Harpin et lisant. « C'est par toi que j'ai été perdue... mais tremble... je serai vengée. » Signé Zerbine... Voyez!.. voyez!.. (Il passe la lettre.)

ADRIENNE. C'est impossible...

GRIPAULT. Tenez, regardez donc!..

ADRIENNE. Mon Dieu!.. quel piège infernal!

POULAILLER. Vous voyez bien que c'est la coupable... A mort! à mort!

TOUS. A mort!

ADRIENNE. Oh! mon Dieu! qui me sauvera!.. Du secours! (On se précipite sur Adrienne.)

SCÈNE IX.

LES MÊMES, M. DE GRANDPRÉ.

M. DE GRANDPRÉ. Une femme entourée par une populace furieuse!.. (Reconnaissant Adrienne.) Grand Dieu!.. (Il recule.) Oh! il ne faut pas qu'elle meure... Arrêtez!.. Je suis un soldat criblé de blessures! je suis un vieillard!.. vous ne tuerez cette femme que lorsque vous m'aurez tué. (Il tire son épée.)

POULAILLER. Il faut lui arracher cette femme.

TOUS. Oui... oui...

SCÈNE X.

LES MÊMES, D'ARGENTAL.

MARIANNE, s'élançant vers d'Argental. Protégez-la!..

D'ARGENTAL. Adrienne, ne craignez rien... des soldats me suivent... Tenez... regardez...

HARPIN. Des soldats!..

POULAILLER. Allons, le coup est manqué!..

ADRIENNE, bas à son père. C'est vous qui, en les arrêtant un instant, m'avez sauvée... Ah! permettez qu'à vos genoux...

M. DE GRANDPRÉ, bas à sa fille d'une voix glacée. Pas un mot de plus... Vous êtes en sûreté. Adieu, Madame, je ne vous connais pas...

CINQUIÈME TABLEAU.

Un endroit isolé du bois de Satory : sur le côté droit, une habitation, à gauche, un fourré formé par des arbres. — Il fait nuit.

SCÈNE PREMIÈRE.

PATIRA. La nuit est belle : c'est comme une nuit de mon pays; les arbres sont beaux et grands dans le bois de Satory... Ma maîtresse est venue à Versailles pour le spectacle que le roi donne demain, et moi j'ai voulu vivre en plein air comme autrefois... je veux rêver des jours où j'avais ma mère... Cette fiole qui, si je l'épuisais tout entière, me donnerait la mort amenée par la folie... va me jeter, vidée à demi, dans un délire doux et passager que terminera un sommeil irrésistible... Je vais échapper à tous mes chagrins, à toutes mes terreurs... je ne verrai plus sans cesse dans ma pensée cet homme sinistre qui m'a arraché à mon pays, qui m'a fait vivre au milieu de ses bandits pendant des années, dont la justice peut me demander un compte terrible. Loin de moi tous ces fantômes... O ma mère! ô ma patrie!.. je vais vivre pour vous. (Il boit.) Déjà une chaleur douce, pénétrante, circule dans mes veines... Oh! venez, venez... doux rêves!.. (Il sort les mains étendues en avant, comme un homme à demi égaré.)

SCÈNE II.

HARPIN, GRIPAULT, PATAUT, voleurs.

HARPIN. Le rendez-vous est ici... Poulailler nous a ordonné de venir l'attendre dans ce bois, près de Versailles, où nous suivons la cour, l'Opéra et la Comédie-Française qui s'y sont transportés. Dans toutes les fêtes, nous sommes chargés naturellement de la partie des surprises... En attendant, vous allez entendre le rapport des comptes de l'année.

PATAUT. Mais en l'absence de Poulailler...

HARPIN. Qu'importe!.. Ce n'est pas tout que d'être voleur, il faut encore être caissier; d'ailleurs, j'éprouve le besoin de rendre compte de ma gestion à mes frères... et Poulailler n'est que l'un d'eux.

GRIPAULT, arrivant. Poulailler... il nous a trahis...

HARPIN. Hein!.. qui est-ce qui dit ça?..

GRIPAULT. Je dis que je l'ai vu entrer de mes yeux à la lieutenance de police...

TOUS. C'est impossible!..

GRIPAULT. Il a racheté sa tête en livrant la nôtre...

HARPIN. Ça ne se peut pas...

GRIPAULT. Mais quand je te dis que je l'ai vu... entrer chez le lieutenant de police... Je viens de Paris...

PATAUT ET LES AUTRES. Oui, s'il l'a vu...

HARPIN. Mais alors, Messieurs, ce serait un cas de dissolution de la société.

GRIPAULT. Oui, la société est dissoute, je demande ma part.

PATAUT, criant plus fort que tous les autres. Je demande ma part.

HARPIN. Ta part... à toi qui n'as jamais apporté dans l'entreprise que de la maladresse?..

PATAUT. Qu'importe?

HARPIN. Dans la caisse que des déficits?..

PATAUT. Qu'importe, entre frères...

HARPIN. Un frère sans talent...

PATAUT. On m'a dit que le talent est une erreur de la nature qu'il faut corriger par la communauté... Je veux ma part comme les autres.

HARPIN. Je ne connais qu'un bon argument en fait de contestation... A bas Pataut!

TOUS. A bas Pataut!..

SCÈNE III.

LES MÊMES, POULAILLER.

POULAILLER. Hein!.. qui est-ce qui fait du tapage ici?..

GRIPAULT. Poulailler!

TOUS. Poulailler!..

PATAUT. Mais on disait que tu nous trahissais...

POULAILLER. Imbéciles!.. Que je me rafraîchisse... donnez-moi un bouillon d'eau-de-vie... Décidément... je me suis donné un mal affreux... pour vous débarbouiller... et vous n'êtes bons tout au plus qu'à faire des filous... vulgaires... des tire-laines de troisième ordre...

GRIPAULT. Poulailler...

POULAILLER. Tenez... vous vous ferez prendre honteusement par vos maladresses... comme Laurent, ce membre correspondant de l'association qui travaillait en ville... Il était intéressant... il avait joué vingt ans la probité... ce qui lui avait permis de gagner cent mille livres d'un coup de filet... au moyen d'un reçu en encre sympathique... dont les caractères se sont effacés.

HARPIN. Eh bien! mais c'est un trait superbe.

POULAILLER. Sans doute; mais l'imbécile a voulu se servir une seconde fois du même moyen... il a été pris, et, de plus, il nous a dénoncés sous prétexte qu'on le torturait.

GRIPAULT. Quelle mauvaise volonté... Mais, à propos de dénoncer, tu ne nous dis pas ce que tu es allé faire à la lieutenance de police?

POULAILLER. Je ne m'abaisserais pas à répondre si votre éducation négligée ne réclamait pas une leçon. Ecoutez et profitez, si ça se peut. J'ai été, sous un déguisement, dénoncer...

TOUS. Hein? qui donc?..

POULAILLER. Le célèbre Poulailler...

HARPIN. Comment, c'est toi qui allais?..

POULAILLER. Il faut toujours faire ses affaires soi-même... mon audace en a imposé... on ne soupçonne pas un dénonciateur... Après les révélations de Laurent, je ne pouvais plus exister sous la raison Pétrucci. La mort de Zerbine, et l'innocence de la Lecouvreur enfin démontrée, avaient, d'ailleurs, mis la police sur mes traces.

PATAUT. Et tu t'es empressé ensuite de quitter Paris?..

POULAILLER. Niais!.. je rentre tranquillement chez moi...

HARPIN. Mais on a dû l'y suivre?

POULAILLER. Je n'avais donné l'adresse que pour cela... Un des nôtres... Lapince, que j'avais fait entrer secrètement... de nuit... m'y attendait... avec une perruque et des vêtements de dessous semblables aux miens... Je lui fais prendre ma veste et mon habit... il a un peu ma tournure, la ressemblance était complète... sauf le visage...

GRIPAULT. Mais il n'a pas demandé pourquoi?..

POULAILLER. Si fait... mais je lui ai fermé la bouche...

GRIPAULT. Comment!..

POULAILLER. En lui brûlant la cervelle.

GRIPAULT. Hein!..

POULAILLER. Un maladroit, un brutal... qui nous compromettait... Un homme de moins... c'est un déboursé, sans doute... mais un déboursé bien employé... ça me sauve... Grâce à mon adresse, le visage était méconnaissable... Au même instant on frappe à la porte... je m'enfuis par les toits... Pour comble de bonheur... c'était Ballagny, chevalier du guet, cet étourneau, qui était chargé de l'arrestation... De la maison voisine... où je m'étais réfugié... je l'entends crier... Je tiens Poulailler... il n'existe plus... il s'est brûlé la cervelle.

HARPIN. C'est prodigieux!

POULAILLER. Ballagny va se faire compter les dix mille livres promises à qui aura délivré la société de son célèbre ennemi... et moi, protégé par la constatation avérée de mon suicide, je puis travailler de nouveau pour ma gloire sans péril. Poulailler est mort... Vive Poulailler!

HARPIN. Quel grand homme! Vive Poulailler!

TOUS. Vive Poulailler!

POULAILLER. Taisez-vous donc, braillards! Vous ne savez même pas que, depuis huit jours, la petite maison que voilà est habitée par M. de Grandpré; vous ne prenez aucune précaution; vous verrez que vous finirez tous par être pendus.

HARPIN. Pour expier nos torts, que devons-nous faire?

POULAILLER. Allez-vous-en, vous me gênez... j'ai un rendez-vous galant...

GRIPAULT. Mais il faut s'entendre...

POULAILLER. Pas de réplique... allez m'attendre près de la grille de Buc... que diable! On ne peut pas être un instant seul... Ah! je finirai par licencier tout cela... je travaillerai pour mon compte. (Les brigands sortent.) Il était temps... j'aperçois la marquise...

SCÈNE IV.

POULAILLER, MADAME DE ROCHEVAL, simplement vêtue.

MADAME DE ROCHEVAL. Ce doit être ici... c'est lui...

POULAILLER. Sous ces simples habits, Madame, qui vous soupçonnerait?...

MADAME DE ROCHEVAL. Avez-vous songé à mieux servir ma haine?...

POULAILLER. Votre haine... à la bonne heure, je vous reconnais... parfaitement, il y a identité...

MADAME DE ROCHEVAL. Cette Lecouvreur... elle a échappé au piége que nous lui avions tendu... bien plus, tout a tourné pour elle... pour la dédommager du malheur dont elle a failli être la victime. Le roi a voulu qu'elle vînt jouer à Versailles... on la comble de marques de sympathie et d'honneur... Oui, elle triomphe!... mais vous, qu'allez-vous faire?

POULAILLER. Et vous, que voulez-vous de moi?

MADAME DE ROCHEVAL. Oh! après tant d'affronts... après tant d'efforts inutiles...

POULAILLER. Voilà une réticence bien menaçante!... mais tout cela sans récompense... c'est bien honnête.

MADAME DE ROCHEVAL. Oubliez-vous que vous êtes dans mes mains?

POULAILLER. C'est vous qui êtes dans les miennes... n'ai-je pas le secret de la porte secrète sur la rue Goisarde?

MADAME DE ROCHEVAL. Eh bien, parlez!.. Ma fortune est grande encore.

POULAILLER. Si je voulais votre fortune, Madame, je ne vous demanderais pas la permission de la prendre... il est un autre prix qui me séduit davantage... Ah! vous allez bien vous étonner sans doute, mais tel que je suis... hors de cette société, comme Tantale dans son Tartare, comme un damné qui est en vue du paradis, je sens en moi des instincts de gentilhomme...

MADAME DE ROCHEVAL. Achevez...

POULAILLER. J'avais toujours rêvé, pour m'ennoblir tout à fait, l'amour... d'une femme noble...

MADAME DE ROCHEVAL. Osez-vous bien!...

POULAILLER. J'ose... Quand vous n'étiez pour moi que belle et titrée, j'étais moins téméraire... mais depuis que le génie du mal s'est révélé sous vos traits, je me suis reconnu en vous avec fatuité, et la distance qui nous séparait a paru s'effacer devant mon amour. (Mouvement de madame de Rocheval.) Mon Dieu! n'allez pas prendre cela trop au sérieux; je ne parle pas d'une passion éternelle qui s'impose et fatigue; non, j'ai meilleur goût... ce n'est qu'une fantaisie, une fantaisie charmante... Puis, enfin, à qui vous donneriez-vous... à moi?... fi donc! non pas, mais à votre vengeance... et elle devra si bien me parer à vos yeux...

SCÈNE V.

LES MÊMES, PATIRA, paraissant sous les arbres sans être vu.

PATIRA, chancelant et comme ivre. Oui... oui... ma patrie... je la revois!...

MADAME DE ROCHEVAL. Et si cette vengeance nous échappait encore aujourd'hui?

POULAILLER. N'ai-je pas mille autres moyens... et entre autres un poison particulier rapporté par moi des Indes, dont l'effet commence par la folie et finit par la mort... Vous hésitez?... Voulez-vous que tant d'efforts n'aient réussi qu'à rendre la Lecouvreur plus heureuse et plus respectée?...

PATIRA, à part. La Lecouvreur!... qui a dit son nom?...

MADAME DE ROCHEVAL. Oh! à tout prix il faut qu'elle meure!..

PATIRA. Qu'elle meure!... elle!.. Est-ce un rêve ou la réalité!...

MADAME DE ROCHEVAL. Mais comment parviendrez-vous jusqu'à elle?... Mon ennemie...

POULAILLER. Ce soir... elle joue *Phèdre*... et là, pendant la représentation... je ne vous demande qu'un signal qui servira pour elle et pour moi... De la place où vous serez... laissez seulement tomber votre éventail, elle sera morte!

PATIRA, *toujours sans être vu.* Morte! et c'est lui qui l'a dit...

MADAME DE ROCHEVAL. Mais vous-même où serez-vous donc?

POULAILLER. C'est mon secret... et le vôtre?...

MADAME DE ROCHEVAL. Nous verrons plus tard... plus tard...

PATIRA, *répétant machinalement.* Plus tard... plus tard...

POULAILLER, *à la marquise qui s'éloigne.* Souffrez que je vous reconduise... Oh! je ne demande que la main gauche seulement... C'est de celle-là seulement que j'aspire à devenir gentilhomme.

SCÈNE VI.

PATIRA, *seul.* Oui... oui... je l'ai bien entendu... on veut la tuer... mais elle saura tout... (*Délirant.*) C'est elle!... je la vois... mais ce fleuve nous sépare... ce fleuve... je le reconnais... c'est le Gange... il faut le traverser à la nage... Oh! j'arriverai jusqu'à elle... Oh! ma mère... c'est vous!... Oh! pas vous!... ma mère... pas vous aujourd'hui... Elle... elle va mourir!... Ah! les almées qui tournent autour de moi... dansez... dansez encore... mais répondez... Est-elle parmi vous?... Adrienne!... Adrienne!.. Oh! mes yeux se ferment... le sommeil... le sommeil... Brahma!... sauvez-la... sauvez-la... je succombe!.. Elle est perdue!... elle est perdue!... (*Il tombe accablé derrière les arbres.*)

SCÈNE VII.

(*Le jour est venu pendant la scène précédente.*)

MARIANNE, *seule, ouvrant la clôture de droite, et entrant en regardant du côté de la maison.* Mon père repose plus tranquillement ce matin... Les émotions de la scène d'il y a huit jours l'ont brisé... il n'a pas encore quitté sa chambre... Comme il a défendu cette généreuse mademoiselle Lecouvreur, si odieusement calomniée et près de périr!.. Mais pourquoi m'a-t-il ordonné de ne plus lui reparler d'elle?.. Ah! lui aussi... M. d'Argental... lui aussi est venu à son secours... Il est si bon!.. Mais j'ai bien fait de ne pas lui reparler... J'avais déjà eu tant de peine à défendre contre lui mon secret!.. Mon Dieu! donnez-moi le courage et la résignation de vivre loin de lui!.. (*En ce moment elle aperçoit d'Argental qui est entré au fond; elle pousse un cri.*) Ah!

SCÈNE VIII.

MARIANNE, D'ARGENTAL.

MARIANNE. Vous ici... vous ici... Monsieur?

D'ARGENTAL. Vous devez trouver ma présence étrange, Mademoiselle; mais quand on a eu le triste courage d'une faute, on ne peut l'expier que par toute la témérité du repentir... Marianne, j'ai ruiné votre père, je l'ai sacrifié aux calomnies d'un misérable qui, en expiant le vol dont il était coupable, m'a fait comprendre toute l'étendue de ma faute.

MARIANNE. Monsieur!..

D'ARGENTAL. J'ai tout écrit déjà à votre généreuse amie, mademoiselle Lecouvreur... Mais vous, Mademoiselle, je ne vous demande qu'une grâce... Cette fortune sur laquelle tous vos droits sont constatés maintenant... obtenez de votre père qu'il ait la pitié de la reprendre, puisque c'est son droit.

MARIANNE. Monsieur, croyez à toute mon estime, à toute ma reconnaissance... Mais, je vous en prie... laissez-moi... ne restez pas ici un instant de plus.

D'ARGENTAL. Ma présence vous est donc bien insupportable?..

MARIANNE. A moi?.. Non... mais mon père est là; s'il savait que vous êtes ici, votre repentir ne le désarmerait pas.

D'ARGENTAL. Je ne m'en irai pas pourtant que je n'aie obtenu mon pardon.

SCÈNE IX.

LES MÊMES, ADRIENNE LECOUVREUR, *qui était au fond.*

ADRIENNE. Il n'en est qu'un moyen, monsieur d'Argental, et je vais vous le dire.

MARIANNE. Mademoiselle Lecouvreur!..

ADRIENNE. Chère enfant! (*Elle l'embrasse.*) je vous cherchais... J'ai peu de temps, il faut que je retourne à Versailles... (*A Marianne.*) Votre père, n'est-ce pas... ne peut quitter sa chambre... on me l'a dit?...

MARIANNE. Oh! non!.. Mais il va mieux cependant, et en ce moment il repose.

ADRIENNE. Retournez auprès de lui, et laissez-moi avec M. d'Argental... Vous savez que je me suis vouée à vous rendre heureuse.

MARIANNE. Que veut-elle faire?.. Ah! j'ai confiance.

SCÈNE X.

D'ARGENTAL, ADRIENNE LECOUVREUR.

ADRIENNE, *à part.* Ici, près de mon père... Oh! mon cœur... contiens cette émotion qui semble prête à te briser.

D'ARGENTAL. Généreuse amie, vous me cherchiez... je le comprends... Une lettre de moi vous a déjà informée d'une terrible découverte et du but de ma visite chez M. de Grandpré... mais ce que vous ne pouvez savoir, Adrienne, c'est l'étrange et douce influence qu'exerce sur moi cette jeune fille...

ADRIENNE. Que dites-vous?

D'ARGENTAL. Ah! ce penchant n'enlève rien à tout le dévouement, à toute la puissance de l'amour que j'ai pour vous, Adrienne... Mais, vous le dirai-je!.. par une inconcevable illusion, il me semblait retrouver en elle vos traits... votre voix... c'était encore vous que j'aimais quand j'étais attiré auprès de cette enfant.

ADRIENNE. Eh bien! aimez-moi en elle... et bientôt, croyez-moi, toute cette passion que vous m'avez vouée, se transportera à la jeune fille qui en est plus digne.

D'ARGENTAL. Adrienne!..

ADRIENNE. Vous voulez obtenir à tout prix de M. de Grandpré un pardon... lui faire accepter l'expiation que vous lui offrez... eh bien!.. ces excuses, cette restitution, le baron de Grandpré les refuserait d'un étranger... il les acceptera d'un gendre... d'un fils...

D'ARGENTAL. Impossible!.. et d'ailleurs cette jeune fille...

ADRIENNE. Cette jeune fille vous aime... d'Argental, il faut que vous soyez l'époux de Marianne de Grandpré.

D'ARGENTAL. Moi, vous quitter, vous abandonner!..

ADRIENNE. Mais au lieu de nous séparer, ce mariage consacre pour vous auprès de moi... le titre de frère que vous avançait mon cœur... D'Argental, je suis la fille du baron de Grandpré, je suis la sœur de l'épouse que je vous donne.

D'ARGENTAL. Vous, Adrienne!..

ADRIENNE. Et maintenant comprenez, d'Argental, que ce n'est pas seulement pour vous délivrer enfin du remords d'une fortune mal acquise, pour voir cette jeune fille arrachée au malheur, à l'isolement, ce vieillard échapper à la misère, que je vous demande un emploi si digne et de votre nom et de votre main... Non! c'est pour moi, pour moi que vous dites aimer... pour moi qui suis encore la plus malheureuse... D'Argental, soyez le bon génie qui me rendra ma famille; ouvrez-moi le foyer quand vous serez venu vous y asseoir. La colère de mon père n'est pas de celles qu'un jour efface; il faut les constantes prières, la longue et pieuse lutte de deux enfants pour obtenir la grâce de la pauvre pécheresse. D'Argental, par pitié, dévouez-vous à cette sainte tâche, et qu'enfin, brisée par les orages du monde, je puisse aller m'abriter en paix quelques instants et mourir aux lieux où je suis née, entourée des souvenirs de mon enfance et des consolations de la famille.

D'ARGENTAL. Adrienne, que me demandez-vous?

ADRIENNE. Notre bonheur à tous, et peut-être une main auguste et toute-puissante vous en fera un devoir... D'Argental, le roi lui-même signera à votre contrat, si je le lui demande, et n'aura-t-il pas quelque pouvoir sur vous?

D'ARGENTAL, *avec tendresse.* Moins que vous, Adrienne.

SCÈNE XI.

D'ARGENTAL, ADRIENNE LECOUVREUR, PATIRA, *qui depuis quelques instants a reparu chancelant comme un homme ivre.*

PATIRA, *avec une sorte de délire.* Ma maîtresse! ma maîtresse!

D'ARGENTAL. Quelle est cette voix?

ADRIENNE. Patira! Qu'as-tu donc, mon pauvre ami?

PATIRA. Maîtresse!.. Oh! vous êtes perdue!... On veut vous tuer!..

ADRIENNE. Qui donc?

D'ARGENTAL. Que veux-tu dire?

PATIRA. Je ne sais pas... je ne sais pas... Oh! malheur, malheur sur moi!.. Cette nuit... ce matin... dans le bois, la tête enivrée de cet opium indien, où je cherche l'oubli de toutes mes souffrances, j'ai entendu vaguement, comme dans un rêve, un épouvantable complot!... On veut vous tuer, vous dis-je!

ADRIENNE. Tu as rêvé en effet.

D'ARGENTAL. Non, non... c'est la même main sans doute qui a fait agir Zerbine, qui a suscité contre vous une foule furieuse... Achève.

PATIRA. Hélas! dans l'état où j'étais je n'ai rien vu..., mais j'ai entendu... Ils étaient deux, et l'un a demandé à l'autre sa récompense... L'autre a répondu : Plus tard, plus tard... Ces sons restent gravés là, et si la même voix retentissait à mon oreille...

ADRIENNE. Ainsi, tu ne peux rien dire?..

D'ARGENTAL. Je crois deviner, moi!... et la femme que j'ai abandonnée...

ADRIENNE. Penses-tu que ce puisse être madame de Rocheval?

PATIRA. Une grande dame... c'est impossible!

D'ARGENTAL. Et pourquoi donc?

PATIRA. Parce qu'elle était avec...

D'ARGENTAL. Avec qui donc?

PATIRA. Ça ne pourrait pas être une grande dame.

ADRIENNE. Oh! je ne puis croire...

D'ARGENTAL. Mais... cependant...

ADRIENNE. Mais vous voyez bien qu'il se soutient à peine... Il ne peut vous répondre en ce moment... Viens avec moi, pauvre enfant... Au revoir, d'Argental... et si une vengeance mortelle doit me frapper, songez au dernier vœu d'Adrienne... Adieu! adieu!

SCÈNE XII.

D'ARGENTAL, puis MARIANNE.

D'ARGENTAL. Oh! à tout prix il faut que je l'arrache au péril qui la menace... Mon parti est pris maintenant...

MARIANNE, arrivant. Ah! fuyez, fuyez! de grâce, Monsieur, mon père s'est réveillé... j'ai voulu prononcer votre nom, j'ai parlé de votre repentir... Mon père... oh! j'en étais bien sûre!... il s'est levé... Et il est là! s'est-il écrié... Et il a osé venir!.. ah! je veux moi-même... Oh! je n'ose répéter ce qu'il a dit... Partez!.. de grâce, partez!..

D'ARGENTAL. Non, je l'attends.

MARIANNE. Oh! je vous en supplie!.. Tenez, l'entendez-vous, il vient... Oh! ne restez pas un moment de plus. (M. de Grandpré paraît.) Trop tard!

SCÈNE XIII.

D'ARGENTAL, MARIANNE, M. DE GRANDPRÉ.

M. DE GRANDPRÉ, deux pistolets à la main. Vous avez donc pensé, Monsieur, que ce n'était pas assez de m'avoir enlevé ma fortune... mon honneur... vous avez osé me braver vous-même... J'espère au moins que c'est pour vous souvenir, la première fois de votre vie peut-être, que vous êtes gentilhomme?

D'ARGENTAL. Voyons, Monsieur, qui s'en souviendra le mieux.

M. DE GRANDPRÉ. Eh bien donc... à l'instant même.

MARIANNE. Mon père!..

D'ARGENTAL. Oui, à l'instant, vous avez raison... un homme a été trompé par un fripon... Il vous dit loyalement : J'ai eu tort... Non pas... il faut se battre... Ce tort, je le publierai hautement... je témoignerai contre ma propre cause... Non pas... il faut du sang!.. Reprenez, vous dis-je, ce que vous avez injustement payé deux fois... Non pas, c'est votre vie qu'il me faut. Voilà ce que j'avais dit, moi, et voilà ce que vous dites... Lequel de nous deux est le mieux gentilhomme?

M. DE GRANDPRÉ. Monsieur, ce langage...

D'ARGENTAL. Est celui d'un malhonnête homme, peut-être...

M. DE GRANDPRÉ. Non... il est énergique et loyal... Je reconnais aussi promptement mes torts que je m'en rends coupable, et c'est à moi maintenant de vous offrir une réparation.

D'ARGENTAL. Je la veux éclatante et douce... je vous demande la main de mademoiselle Marianne de Grandpré.

MARIANNE. Grand Dieu!

D'ARGENTAL. Si je devenais votre fils, Monsieur, ne serait-ce pas le moyen de n'avoir plus à compter ensemble?

M. DE GRANDPRÉ. Je serais tout porté à accepter une alliance offerte avec tant de délicatesse, si Marianne ne me démentait pas toutefois.

MARIANNE. Je ne vous ai jamais démenti, mon père...

M. DE GRANDPRÉ. Mais... c'est par intérêt pour vous-même que je ne puis accepter... Marianne, laisse-nous un instant...

MARIANNE. Oh! ma belle espérance!..

SCÈNE XIV.

D'ARGENTAL, M. DE GRANPRÉ.

M. DE GRANDPRÉ. Franchise pour franchise... Je ne chercherai pas un moment de plus à vous tromper... je ne puis unir mon nom au vôtre... car ce nom dont vous voulez ambitionner l'alliance, deux déshonneurs le flétrissent.

D'ARGENTAL. Que signifie?

M. DE GRANDPRÉ. J'arrive au fait... Une première faute, un premier amour qui a précédé mon mariage, a donné le jour à un fils... les torts que j'avais eus envers la mère, abandonnée par moi, ont été cruellement vengés par cet enfant, qui, dès l'enfance, était resté éloigné de moi, et que d'abominables dispositions m'avaient fait envoyer aux Indes.

D'ARGENTAL. Aux Indes... Quel étrange rapport...

M. DE GRANDPRÉ. Ce n'est pas tout... la femme qui l'éleva en Bretagne... Gervaise, marchande de fleurs sur le pont Neuf...

D'ARGENTAL. Gervaise...

M. DE GRANDPRÉ. M'a appris qu'il était à Paris et qu'il s'y faisait remarquer par son luxe, qui ne peut être que le fruit de ses vices... je n'ose ajouter de ses crimes... Vous voyez bien, monsieur d'Argental, que vous devez rester étranger à une famille sur laquelle peuvent rejaillir de telles souillures.

D'ARGENTAL. Monsieur de Grandpré... je puis... je dois vous dire que celui dont vous parlez n'a pas trompé vos tristes prévisions... Gervaise a déposé par-devant le greffier du parlement... l'identité a été constatée... l'enfant dont vous parlez est devenu...

M. DE GRANDPRÉ. Achevez!..

D'ARGENTAL. Un bandit dont le nom est dans toutes les bouches, et que la mienne ne peut se résoudre à prononcer.

M. DE GRANDPRÉ. Oh! pas un mot de plus, Monsieur; vous voulez donc que, contre tant d'infamie, il ne me reste plu d'autres ressources que la mort?..

D'ARGENTAL. Non, Monsieur; car le légitime objet de vos terreurs vous a prévenu : il s'est fait justice.

M. DE GRANDPRÉ. Que dites-vous?..

D'ARGENTAL. Le parlement informe sur un suicide...

M. DE GRANDPRÉ. Mon Dieu! quelle horrible joie!.. Mais ce n'est pas tout ce que j'aurais à vous dire. Aujourd'hui, je n'aurais pas la force d'un second aveu... qu'il me suffise d'ajouter qu'une destinée impitoyable me fait un devoir de quitter la France avec ma fille... la France où d'autres chagrins me sont réservés encore!.. Consentirez-vous à nous suivre, à vous expatrier?..

D'ARGENTAL. Cette condition que vous mettez à mon bonheur, j'allais vous la demander comme une faveur nouvelle...

M. DE GRANDPRÉ. Comment...

D'ARGENTAL. Des dangers mystérieux, mais réels, menaceraient ici moins encore ma vie que celle de la femme qui consentirait à s'unir à moi... j'étais aussi résolu à partir, et une amie... que vous apprécierez, que vous aimerez comme moi... nous suivra, je l'espère... Eh bien! monsieur de Grandpré, daignerez-vous maintenant m'accorder la main de votre fille?..

M. DE GRANDPRÉ. Tant de générosité, d'abnégation...

SCÈNE XV.

LES MÊMES, MARIANNE.

MARIANNE. Ah! mon Dieu! mon père... un carrosse du roi s'arrête à notre porte... une lettre pour vous.

M. DE GRANDPRÉ. Voyons, ma fille... Le roi qui s'excuse de ne pas avoir fait droit encore à ma demande, qui m'invite à me rendre à Versailles, où il m'a fait préparer un appartement...

D'ARGENTAL. Encore la main de cette amie mystérieuse qui se révèlera à votre reconnaissance.

MARIANNE. Oh! mon père, c'est pour nous un jour de bonheur!..

M. DE GRANDPRÉ. Partons, ma fille... cette bonne nouvelle, cette justice qui m'est rendue... ont fait renaître mes forces et mon courage.

MARIANNE. Mais est-ce que vous avez répondu à M. d'Argental?

M. DE GRANDPRÉ. C'est vrai... tu paraissais t'intéresser à la demande de M. d'Argental.

MARIANNE. Mon père!..

M. DE GRANDPRÉ. Ce que c'est que d'avoir bon cœur!..

D'ARGENTAL. Ah! Monsieur, par grâce, que je sois de votre famille... si j'en suis digne.

M. DE GRANDPRÉ. Eh bien! Marianne, ma réponse...

MARIANNE. Votre réponse, mon père?...

M. DE GRANDPRÉ. Tu ne la sauras qu'à Versailles.

SIXIÈME TABLEAU.

Le théâtre représente la scène de la cour à Versailles : de chaque côté de la scène, sur le premier plan, petites loges et banquettes sur lesquelles viennent s'asseoir les seigneurs et dames. — Deux gardes françaises de chaque côté de la scène.

SCÈNE PREMIÈRE.

M. DE BALLAGNY, entrant en donnant le bras à MADAME DE ROCHEVAL.

BALLAGNY. Le roi ne peut tarder à rentrer dans la salle, chère cousine; il faut reprendre nos places sur la scène*. Ah çà! dites-moi, marquise, vous me plaisantez toujours sur mon peu de clairvoyance, faites-moi compliment, Poulailler est mort.

MADAME DE ROCHEVAL. J'en suis sûre... les admirables combinaisons que j'avais combinées n'avaient pas eu le temps de produire leur effet. Maintenant, s'il se commet dans Paris le

* MM. les directeurs des scènes de province qui voudront intercaler dans le tableau un pas ajouteront là cette phrase à Balagny : Et M. qui ne veut rien voir après la Lecouvreur a ordonné que la charmante Sallé dansât dans l'entr'acte.

moindre vol... je veux être pendue.. (On entend sonner.) Le troisième acte qui commence... (Ballagny cherche sa lunette.) Qu'avez-vous donc?.. vous cherchez quelque chose?..

BALLAGNY. Oui, ma lunette... qui était attachée à ce cordon... je retrouve bien le cordon... mais la lunette, qui était enrichie de diamants...

MADAME DE ROCHEVAL. Disparue?

BALLAGNY. Égarée, sans doute.

MADAME DE ROCHEVAL. Dans quelque poche malintentionnée.

BALLAGNY. C'est étonnant, Poulailler est mort... tant d'audace m'étonne *.

PATIRA, paraissant avec des plateaux. On m'a forcé de porter ces plateaux... j'ai peur devant tout le monde... si j'étais reconnu.. (Il circule avec les plateaux parmi les seigneurs et les dames, et s'arrête devant madame de Rocheval.)

MADAME DE ROCHEVAL, repoussant le plateau du geste. Plus tard, plus tard!..

PATIRA, à part. Cette voix... c'est la femme du bois de Satory... (Il laisse tomber le plateau.)

LE RÉGISSEUR. Eh bien! que fais-tu donc, maladroit?..

PATIRA. Ah! j'ai peur...

LE RÉGISSEUR. Le souffleur vient de se trouver indisposé, il n'y a personne pour le remplacer... prends cette brochure... mets-toi là... (Il lui montre le trou du souffleur.)

PATIRA. Dans ce trou... oh! c'est un moyen de me cacher... (Il se précipite dans le trou du souffleur; on frappe les trois coups.)

BALLAGNY. Voici le troisième acte... chère cousine... écoutons... il y a une belle scène pour la Lecouvreur... (Mouvement de madame de Rocheval.) Ah! j'oubliais que vous ne l'aimez pas. (Des figurants déguisés en gardes grecs entrent sur la scène. Parmi eux est Poulailler affublé d'une grande barbe et le costume analogue.)

MADAME DE ROCHEVAL. Poulailler... il est là!.. que je laisse tomber cet éventail et il agira... mais lui laisser même concevoir une espérance pareille...

PATIRA, dans son trou. Elle va entrer en scène près de son ennemie... si quelque piége la menaçait... si du moins je pouvais la prévenir.

ADRIENNE, entrant.

O toi qui vois la honte où je suis descendue,
Implacable Vénus, suis-je assez confondue!
Tu ne saurais plus loin pousser ta cruauté :
Ton triomphe est parfait, tous tes traits ont porté.
Cruelle! si tu veux une gloire nouvelle,
Attaque un ennemi qui te soit plus rebelle.
Hippolyte te fuit, et, bravant ton courroux,
Jamais à tes autels n'a fléchi le genou;
Ton nom semble offenser ses superbes oreilles.
Déesse, venge-toi; nos causes sont pareilles.
Qu'il aime... Mais déjà tu reviens sur tes pas,
Œnone! on me déteste, on ne t'écoute pas!

(La Jouvenot entre en costume de confidente.)

PATIRA, dans le trou. Elle cesse de parler, si je pouvais à mon tour...

LA JOUVENOT.

Il faut d'un vain amour étouffer la pensée,
Madame, rappelez votre vertu passée :
Le roi, qu'on a cru mort, va paraître à vos yeux;
Thésée est arrivé, Thésée est en ces lieux.
Le peuple pour le voir court et se précipite.
Je sortais par votre ordre et cherchais Hippolyte,
Lorsque jusques au ciel mille cris élancés...

(Pendant ces vers:)

PATIRA, relevant la tête et parlant bas à Adrienne. Maîtresse... la femme du bois de Satory... est là, en rose... à gauche.

ADRIENNE, à mi-voix. Grand Dieu!..

PATIRA. J'en suis sûr.

LA JOUVENOT, bas à Adrienne. Parle donc, c'est à toi...

ADRIENNE, préoccupée.

Mon époux est vivant, Œnone, c'est assez;
Je verrai le témoin de ma femme adultère
Observer de quel front j'ose aborder son père.

LA JOUVENOT, bas à Adrienne. Mais tu t'embrouilles...

ADRIENNE.

Laissera-t-il trahir et son père et son roi?
Pourra-t-il contenir l'horreur qu'il a pour moi?
Il se tairait en vain; je sais mes perfidies,
Œnone...

(A part.) Oh! quelle inspiration! (Elle s'approche de madame de Rocheval et lui dit les vers suivants en l'apostrophant du regard.)

Et ne suis point de ces femmes hardies
Qui, goûtant dans le crime une tranquille paix
Ont su se faire un front qui ne rougit jamais!

(Applaudissements.)

BALLAGNY, plus fort que tous les autres. Bravo!.. c'est magnifique...

MADAME DE ROCHEVAL, à part. Oh! elle payera de sa vie cette insolence. (Elle laisse tomber son éventail; Poulailler fait un mouvement.) Il m'a vue!

ADRIENNE, essayant de continuer.

Je connais mes fureurs, je les rappelle toutes...

(Parlé.) Ah! cette brusque révélation... cette colère... je succombe...

LA JOUVENOT. Elle chancelle! ses forces l'abandonnent!..

LE RÉGISSEUR, accourant. Du secours!.. du secours!.. un verre d'eau!..

POULAILLER, qui est sorti de scène et qui revient un verre à la main. Un verre d'eau... le voici... (On porte le verre aux lèvres d'Adrienne.)

MADAME DE ROCHEVAL, la regardant boire. Ce soir, c'était son dernier triomphe!...

SEPTIÈME TABLEAU.

Appartement de Versailles richement meublé; sur une table, ce qu'il faut pour écrire, sur un autre plateau, verre d'eau, porte au fond; une seule porte à gauche, deux à droite.

SCÈNE PREMIÈRE.

D'ARGENTAL, seul, assis. Onze heures... le spectacle de la cour est terminé, et le bal a commencé... Tout est préparé à la chapelle... Le roi lui-même, toujours grâce à Adrienne, a annoncé à M. de Grandpré qu'il signerait l'acte de mariage... J'ai demandé au père de Marianne de se trouver ici une demi-heure avant la cérémonie... j'ai une dernière grâce à obtenir de lui et il ne peut me la refuser... (S'approchant de la croisée.) Un grand mouvement dans les cours; des invités au bal, sans doute... Adrienne, en ce moment, doit être libre; allons la prévenir de mon dessein. (Il sort par le fond.)

SCÈNE II.

MADAME DE ROCHEVAL, LE CHEVALIER DE BALLAGNY.

Ils entrent par la porte de droite du deuxième plan.

LE CHEVALIER. C'est pour respirer le frais sans doute, belle cousine... que vous avez bien voulu prendre mon bras et me faire entrer ici par la porte que feu mon cousin de Rocheval avait pratiquée pour aller plus facilement de son appartement à celui des premiers sujets... (A part.) Des premiers sujets femmes... (Haut.) Tenez, ce doit être la porte de l'appartement de Lecouvreur. (Montrant la porte du même côté que celle où ils sont entrés.) Ah! tiens, je vous en parle toujours, et j'oubliais que vous ne l'aimez pas.

MADAME DE ROCHEVAL, à part. C'est de ce côté que Poulailler m'a dit dans son billet de l'attendre.

LE CHEVALIER, jetant son manteau sur un fauteuil. Je croyais que vous vouliez descendre au parc... il fait étouffant.

MADAME DE ROCHEVAL. Il ne faut pourtant pas encore vous plaindre de la chaleur... car le roi a décidé qu'à minuit la fête se changerait en bal masqué... Des dominos ont été commandés, et j'attends le mien... j'ai ordonné qu'on me l'apportât ici... car j'avais à vous parler en particulier... une révélation importante...

LE CHEVALIER. A moi, cousine?..

MADAME DE ROCHEVAL. Poulailler n'est pas mort.

LE CHEVALIER. Hein? il oserait vivre!

MADAME DE ROCHEVAL. Je puis vous en répondre...

LE CHEVALIER. Lui-même?

MADAME DE ROCHEVAL. Lui-même.

LE CHEVALIER. C'est impossible... comment savez-vous?..

MADAME DE ROCHEVAL. Un ancien domestique du faux baron Pétrucci...

LE CHEVALIER, avec colère. S'il était vrai... Oh! je n'aurais pas un moment de repos que je ne l'eusse repris...

MADAME DE ROCHEVAL. Il vous échapperait encore.

LE CHEVALIER. Pour cela, je l'en défie bien. Poulailler est condamné, sitôt pris, sitôt reconnu, sitôt roué, vite en poste et place de Grève.

MADAME DE ROCHEVAL, à part. A merveille!... Ainsi il ne parlera pas... le coup est porté... je puis briser en toute sûreté l'instrument.

LE CHEVALIER. Mais comment retrouver ses traces?..

MADAME DE ROCHEVAL. Il va venir ici tout à l'heure...

LE CHEVALIER. Tout à l'heure?... quel bonheur!... voici juste-

* Ici intercaler le ballet s'il y a lieu.

ment les agents qui devaient venir me rendre compte de la journée. (Paraissent au fond un sergent du guet, des agents; Bailagny va leur parler.)

MADAME DE ROCHEVAL. Et voici mon domino et mon masque qu'on m'apporte... (Poulailler, en costume de ville, présente son masque et son domino à la marquise.)

MADAME DE ROCHEVAL, le reconnaissant. Vous!

LE CHEVALIER, au fond. Qu'y a-t-il?

MADAME DE ROCHEVAL, dominée par le regard de Poulailler. Rien... rien...

POULAILLER. Je vous ai vengée... il faut me sauver...

MADAME DE ROCHEVAL, interdite. Mais comment faire?

POULAILLER, à part. Si elle croit n'avoir plus besoin de moi, je suis perdu. (Haut.) Je voulais me réfugier dans la chapelle, elle est occupée pour le mariage de d'Argental.

MADAME DE ROCHEVAL. Le mariage de d'Argental?

POULAILLER. Oui... avec mademoiselle de Grandpré...

MADAME DE ROCHEVAL. Avec mademoiselle de Grandpré? Vous en êtes sûr?...

POULAILLER. On fait les préparatifs par ordre du roi.

MADAME DE ROCHEVAL, à part. Il faut qu'il vive... (Haut.) Attendez, je vais éloigner le chevalier... vous pouvez vous fier à moi... (Allant au chevalier.) Mon cousin, un mot qui vient de m'être remis avec mon domino et mon masque, m'apprend que Poulailler ne viendra pas ici.

LE CHEVALIER. Est-ce qu'il nous échapperait?

MADAME DE ROCHEVAL. Non... mais plus tard... je vous reverrai dans le bal... vous aurez d'autres nouvelles.

POULAILLER. Comme ils parlent bas...

LE CHEVALIER, à ses agents. La partie est remise... je vous donnerai d'autres instructions. Allez m'attendre dans la cour sous ces fenêtres; je vous y rejoindrai plus tard, vous me reconnaîtrez à mon manteau. (A la comtesse.) Cousine, au revoir. (Il sort par la porte de gauche, laissant son manteau sur le fauteuil.) Je rentre un moment au bal.

SCÈNE II.

MADAME DE ROCHEVAL, POULAILLER.

MADAME DE ROCHEVAL. Il ne faut pas que d'Argental soit l'époux d'une autre femme.

POULAILLER. Ah diable! mais le plus simple serait de s'en prendre à lui.

MADAME DE ROCHEVAL. Non pas à lui... à Marianne de Grandpré .. et puisque votre poison est sûr...

POULAILLER. Mais il faut une main pour s'en servir, et la mienne est trop compromise.

MADAME DE ROCHEVAL. N'avez-vous pas d'adroits complices?...

POULAILLER. Au fait, pour un crime de plus ou de moins à mon compte dans ce monde ou dans l'autre, ce n'est pas la peine de nous disputer... je fais largement les choses, moi. J'ai dans ma bande un nommé Harpin... c'est le premier homme du monde pour les empoisonnements à domicile... mais vous comprendrez, Madame, que j'aie hâte d'étourdir mes remords... Quand vous reverrai-je?...

MADAME DE ROCHEVAL. Cette nuit, à deux heures, trouvez-vous à la petite porte de mon appartement du boulevard à Versailles.

POULAILLER. J'y serai.

MADAME DE ROCHEVAL, à part. Le chevalier aussi y sera... (Haut.) Mais, j'y pense... comment allez-vous sortir d'ici?.. votre costume est signalé...

POULAILLER. Votre cousin, regrettant que je n'aie plus rien à lui prendre, a eu la précaution de me laisser son manteau qui sert de ralliement à ses gens... On n'est pas plus prévenant que ce garçon-là!.. (Il prend le manteau et s'en enveloppe.)

MADAME DE ROCHEVAL. On vient... à deux heures... (Elle rentre par la porte de droite du premier plan; Poulailler sort par la gauche.)

SCÈNE III.

M. DE GRANDPRÉ, D'ARGENTAL.

M. DE GRANDPRÉ, entrant par le fond. M. d'Argental m'a fait demander ici un entretien.... Le voici... (D'Argental entre par la porte à gauche.)

D'ARGENTAL. Pendant que ma mère pare votre fille pour la cérémonie, j'ai voulu vous parler seul ici près de la chapelle.

M. DE GRANDPRÉ. Je vous écoute, Monsieur.

D'ARGENTAL. Votre famille n'est pas complète encore, M. de Grandpré... il manque à ce foyer, où tous trois nous allons nous trouver réunis, une pauvre exilée!..

M. DE GRANDPRÉ. Ah! je comprends... et vous savez qu'une fille indigne... Oh! non!.. jamais!.. jamais!...

D'ARGENTAL. M. de Grandpré...

M. DE GRANDPRÉ. A son déshonneur... à sa vie coupable, il n'y a qu'une excuse... c'est qu'elle a quitté le nom qu'elle profanait... ce nom, je ne le lui rendrait pas...

D'ARGENTAL. Mais n'a-t-elle pas assez expié... N'y a-t-il pas des excuses à cette faute?.. Et qui l'a même forcée à cette fuite, à cet isolement... qui l'a perdue?.. votre ordre... votre ordre seul...

M. DE GRANDPRÉ. Mon ordre... Pourquoi s'est-elle refusée à une alliance honorable?..

D'ARGENTAL. Une alliance honorable... Savez-vous qui s'était présenté au château de Grandpré pour réclamer la promesse faite par vous à la famille de Tréville?..

M. DE GRANDPRÉ. Et qui donc?

D'ARGENTAL. C'était un homme qui, à deux titres, devait légitimer l'horreur invincible qu'il inspirait à Adrienne... C'était le meurtrier du jeune de Tréville, celui qui, aux Indes, s'était emparé de ses titres... c'était...

M. DE GRANDPRÉ. Achevez!..

D'ARGENTAL. Poulailler!.. c'était votre fils!..

M. DE GRANDPRÉ. Oh! mon Dieu! mon Dieu! me punissez-vous si cruellement!..

D'ARGENTAL. Et, maintenant que le souvenir de cette erreur si fatale vous dispose à l'indulgence... qu'une infortunée puisse enfin implorer son pardon à vos pieds... que la jeune sœur qui l'aime déjà puisse lui ouvrir ses bras... (Mouvement de Grandpré.) Oh! rassurez-vous... Marianne ignore de qui elle est sœur!.. Adrienne n'osera pas même pénétrer dans cette chapelle. Rentrée chez elle après la représentation, elle attend votre arrêt avec une étrange agitation qui a le caractère d'une souffrance! Oh! que cet arrêt lui soit propice, M. de Grandpré.

M. DE GRANDPRÉ. Adrienne!.. mais non... non... j'avais juré de ne jamais lui pardonner sa honte... Ah! qui me conseillera... qui me guidera?..

D'ARGENTAL. Qui... cette jeune fille qui approche, et qui, ainsi vêtue de sa couronne, semble descendre du ciel comme un ange de réconciliation...

M. DE GRANDPRÉ. Marianne!..

SCÈNE IV.

MARIANNE, en costume de mariée, D'ARGENTAL, M. DE GRANDPRÉ, PERSONNAGES MUETS, TÉMOINS et INVITÉS.

MARIANNE. Bénissez-moi... mon père... avant que vous me conduisiez à l'autel.

M. DE GRANDPRÉ. Oh! sois heureuse... ma fille... sois heureuse, toi... du moins.

D'ARGENTAL. Venez... venez dans son temple... Dieu vous inspirera.

M. DE GRANDPRÉ. Non .. non... Précédez-moi à la chapelle... je vous y rejoins bientôt... mais j'ai besoin de me recueillir un instant... Allez, allez.

D'ARGENTAL. Venez, venez, Marianne... Oh! maintenant, j'espère, je puis répondre de votre bonheur.

SCÈNE V.

M. DE GRANDPRÉ, seul, puis POULAILLER.

M. DE GRANDPRÉ. Oh! je m'étais pourtant juré de ne jamais lui pardonner... mais j'ai tant souffert de ma rigueur... Seul, la nuit, je l'ai tant appelée de mes cris, de mes larmes, de mon désespoir... Qu'elle vienne... que je la revoie... que je l'embrasse... je veux être heureux. Dieu m'a pris en pitié puisqu'il a déjà affranchi ma vie de ce spectre terrible qui la menaçait sans cesse. (Apercevant Poulailler.) Quel est cet homme?

POULAILLER. Harpin a mes ordres... il a pu s'esquiver... mais moi je n'ai pu sortir de la grande grille... il faudrait chercher une autre issue.

M. DE GRANDPRÉ. Je ne me trompe pas, cette taille, ces traits... Mais non!.. non!.. c'est impossible... ce ne peut pas être lui.

POULAILLER. Que veut dire ce vieillard?..

M. DE GRANDPRÉ. Non!.. tu n'es pas le démon qui s'attache à ma vie!...Non!... cette justice que tu t'es faite n'était pas une trahison encore... Cette tombe où tu es descendu ne te rejette point parmi ces vivants dont tu es l'horreur.

POULAILLER. Cette voix ne m'est pas inconnue... monsieur de Grandpré!... Ah! je comprends... vous m'avez deviné, et ma sûreté exige... (Il met la main sur son poignard.)

M. DE GRANDPRÉ. Que tu me tues?... Oh! non!... non!... tu ne me tueras pas...

POULAILLER. Vous croyez?...

M. DE GRANDPRÉ. Tu ne me tueras pas!... parce que j'ai un dernier devoir... et que je passerais sur ton corps pour l'accomplir... Ce devoir, c'est de courir à la chapelle... c'est de dire à Marianne de Grandpré... renonce à la main d'un honnête homme, renonce à l'honneur, renonce à la vie... car tu es la sœur d'un monstre...

POULAILLER. Marianne de Grandpré...

M. DE GRANDPRÉ. C'est de moi que tu es né... comme elle... tu dois bien le deviner puisque tu allais me tuer!...

POULAILLER. Vous... mon père... (A part.) Mais alors... Adrienne comme Marianne...

M. DE GRANDPRÉ. Tu n'échapperas pas au châtiment, misérable! je cours... (Bruit de cloches.) Trop tard! mon Dieu! trop tard! misérable, ce n'est pas nous seulement que tu as deshonorés... l'infamie est sur deux familles... je ne puis plus que te frapper... mais, sois tranquille, je n'ai pas le droit de te survivre, souillé de ta honte et taché de ton sang.

POULAILLER. Que signifie?...

M. DE GRANDPRÉ, lui montrant des pistolets. Cela signifie que Dieu a permis que ces armes fidèles ne m'aient pas encore quitté... Tu vois qu'il y en a deux, et toi une fois puni, ce sera mon tour.

POULAILLER. Mais vous allez donc m'assassiner?...

M. DE GRANDPRÉ. Oh! si tu aimes mieux te défendre, prends..

POULAILLER, avec horreur. Moi... moi... oh! non...

M. DE GRANDPRÉ. Ah! tu comprends que nous sommes condamnés tous deux sans pitié, sans appel, sans sursis... toi pour avoir vécu, moi pour t'avoir fait vivre!...

POULAILLER. Oh! c'est horrible!...

M. DE GRANDPRÉ. A genoux, misérable!... à genoux!...

POULAILLER. Moi?..

M. DE GRANDPRÉ. A genoux, te dis-je!.. Oh! ce n'est pas devant moi que tu as à te prosterner... c'est devant Dieu à qui tu appartiens déjà!.. A genoux!.. à genoux!.. (Poulailler s'agenouille lentement et machinalement. — M. de Grandpré arme le pistolet.) Et, maintenant, recommande-lui ton âme. (Il ajuste Poulailler; en ce moment retentit ce mot : le roi!)

SCÈNE VI.

LES MÊMES, PATIRA, HARPIN, MADAME DE ROCHEVAL.

(En ce moment une musique de marche solennelle se fait entendre; on ouvre la porte du fond et l'on voit un cortége de seigneurs et de dames se diriger vers la chapelle.)

PATIRA. Monsieur le comte, le roi se rend à la chapelle pour la signature de l'acte de mariage...

M. DE GRANDPRÉ, à part. Grand Dieu! le roi... à lui seul la justice!.. pas de sang devant lui!

HARPIN, entré par la gauche, s'approchant de Poulailler et à mi-voix. C'est fait.

POULAILLER, même jeu. Quoi!

HARPIN, à mi-voix. La mariée comme la comédienne... elles ont leur affaire.

POULAILLER, consterné, à mi-voix. Mes deux sœurs!..

M. DE GRANDPRÉ, hésitant à sortir. Te laisser vivre! et ma vengeance...

POULAILLER. Partez, monsieur le comte, je vous promets qu'elle sera complète... Partez tranquille, vous dis-je! (Pendant que la musique continue, le comte sort par le fond; Harpin par la gauche; Patira, occupé du cortége qu'il regarde s'éloigner, n'a pas voulu sortir et passe sans s'arrêter. Madame de Rocheval paraît par la droite. — Poulailler l'apercevant.) Ah! c'est son mauvais génie qui me l'amène.

SCÈNE VII.

MADAME DE ROCHEVAL, POULAILLER.

MADAME DE ROCHEVAL. Vous! encore vous!

POULAILLER. Oui, moi-même... Ne soyez pas surprise de me voir ici et non là-bas, à votre maison du boulevard... Me croyez-vous si ignorant du cœur des femmes, que je ne sache pas les combats qu'on se livre avant de venir à un premier rendez-vous. Ordinairement même je n'y vais jamais... voilà pourquoi je venais à votre appartement du palais, et j'ai pénétré jusqu'ici...

MADAME DE ROCHEVAL. Mais ne savez-vous pas qu'on a redoublé de précautions; qu'un fort détachement du guet stationnera toute la nuit dans la cour intérieure, sous ces fenêtres?..

POULAILLER. Eh bien, s'il reste dans la cour, je pense être sans crainte ici, près de vous. Où donc être plus en sûreté, au moins pour cette nuit. Dalila n'a trahi Samson que le matin.

MADAME DE ROCHEVAL. Je suis confondue de tant d'audace.

POULAILLER. Puis ne fallait-il pas vous rendre compte de l'exécution de vos ordres... ne deviez-vous pas savoir si le second sacrifice était bien consommé.

MADAME DE ROCHEVAL. Je ne doutais pas...

POULAILLER. Vous me faites honneur; mais mon devoir de mandataire m'ordonnait de vous annoncer que mademoiselle de Grandpré est mortellement atteinte, comme mademoiselle Lecouvreur... Un poison merveilleux va, sans douleur, sans traces apparentes, terminer en quelques heures ces deux existences brillantes, l'une par la gloire, l'autre par la jeunesse et la beauté; elles tomberont toutes deux parce qu'il n'y a pas en France de contre-poison qui puisse les sauver. Je vous devais ces détails, car, enfin, vous avez été la pensée, je n'ai été, moi, que le bras qui exécute. Maintenant que vous voilà richement parée, belle d'un costume qui vous sied à ravir, belle d'une sérénité qui défie le regard, trouvez donc dans la pureté et le calme de ces lignes la trace des faits terribles que nous connaissons? Aussi, malgré l'étiquette, pouviez-vous vous dispenser de prendre un masque?..

MADAME DE ROCHEVAL, à part. Quelle idée!... pour l'éloigner. (Haut.) Vous me faites apercevoir que je l'ai oublié sur la table de la pièce voisine; seriez-vous assez complaisant pour aller me le chercher?..

POULAILLER, à part. Ah! de mieux en mieux... (Haut.) Comment donc!... A la bonne heure!... vous vous souvenez que je suis un galant chevalier. (Il salue et entre dans la pièce de droite. Madame de Rocheval saisit aussitôt ses tablettes et écrit dessus.)

MADAME DE ROCHEVAL, parlant et écrivant. « Poulailler est ici. » (Elle s'approche rapidement de la fenêtre, l'ouvre et jette ses tablettes en dehors. — Poulailler entre en ce moment.)

MADAME DE ROCHEVAL, à part. Il est perdu!

POULAILLER, à part. Je suis quitte. (Il s'approche et lui donne le masque.)

MADAME DE ROCHEVAL, à part, en mettant le masque. Son regard me gêne...

POULAILLER, regardant le masque. Bien! vous allez être entourée d'admirateurs, de flatteurs; ils vous parleront de votre bauté... ne prêtez pas trop l'oreille à leurs discours... La beauté est un bien passager... il est bon d'y attacher du prix, mais vous le perdriez que vous resteriez encore une femme sans rivale.

MADAME DE ROCHEVAL. Mais n'entendez-vous pas du bruit?...

POULAILLER. Oui, j'entends parfaitement.

MADAME DE ROCHEVAL. Elle fait un mouvement. Poulailler la retient. Laissez-moi fuir...

POULAILLER. Ce bruit vous alarme? N'ayez donc pas peur, je sais ce que c'est...

MADAME DE ROCHEVAL. Quoi donc?...

POULAILLER. C'est le guet qui, averti par le billet que vous avez jeté par la fenêtre, vient me prendre.

MADAME DE ROCHEVAL. Si vous le croyez, que ne fuyez-vous?

POULAILLER. Bah!.. à quoi bon me défendre... Le crime a sa satiété comme le plaisir; mes lèvres ont touché à la lie de cette coupe, et elle est bien amère!... Pardonnez-moi si je me suis cru obligé de vous en laisser votre part...

MADAME DE ROCHEVAL. Voudriez-vous m'entraîner avec vous?

POULAILLER. En aucune façon... Vous pouvez vous retirer en toute liberté... Ah! un mot encore... Avant d'entrer au bal, arrêtez-vous un moment devant votre toilette... ôtez votre masque!... et alors (Avec force.) vous vous rappellerez Zerbine, que vous avez imprudemment oubliée!...

MADAME DE ROCHEVAL, avec un cri. Zerbine!... Ah!... je comprends!... Du secours!.. du secours!... (Elle s'élance par la porte.)

POULAILLER. Du secours?... il n'est pas plus possible pour toi que pour tes deux victimes...

SCÈNE VIII.

POULAILLER, BALLAGNY, entrant par le fond avec ses soldats.

BALLAGNY. Misérable!... si tu fais un pas, tu es mort!... (Il met deux pistolets d'arçon sur la poitrine de Poulailler.)

POULAILLER. Entre nous, chevalier, de pareils mots... allons donc!... nous avons toujours eu d'excellents procédés l'un pour l'autre... Je vous suivrai de très-bonne grâce et sans éclat, de peur de déranger la fête (Lui ouvrant une tabatière.) En usez-vous?

BALLAGNY, la lui arrachant. Ma tabatière!.. tant d'audace!...

POULAILLER. A quelle heure... tout ce que nous allons faire sera-t-il terminé?...

BALLAGNY. A quatre heures... Il est maintenant?...

POULAILLER. Vous cherchez votre montre?.. Ah! chevalier, vous nous avez rendu trop de services pour que je ne m'en montre pas reconnaissant; permettez-moi de vous rendre... (Il lui donne sa montre.) Je l'ai réglée... elle va très-bien, portez-la sans crainte... j'ai recommandé qu'après moi on ne vous prît plus rien... Ah! j'oubliais encore... vous avez la vue basse... il faut que vous assistiez au supplice. (Il lui rend sa lunette.)

BALLAGNY. Avez-vous des révélations à faire?

POULAILLER. Absolument aucune. (A part.) J'ai été assez fatal à ma famille pour ne pas la déshonorer en la nommant.

BALLAGNY. En ce cas, partons!

POULAILLER. Allons, marchons, Messieurs... Faites votre devoir, je ferai le mien. (A Ballagny.) Vu les graves circonstances où je me trouve, vous permettez que je garde votre flacon?... (Ils sortent.)

SCÈNE IX.

PATIRA, seul, puis ADRIENNE LECOUVREUR.

(Pendant la fin de la dernière scène, Patira est entré par une porte latérale de gauche et a été témoin du départ de Poulailler.)

PATIRA. Lui, emmené! lui, prisonnier! alors, je suis donc

libre! je puis donc aller, venir, me promener au soleil, vivre de lumière et d'air!.. Plus de menace sur moi! plus de menace sur ma maîtresse!.. Elle aussi est libre!..

ADRIENNE, en dehors, appelant. Patira!..

PATIRA. C'est elle! elle qui va être heureuse!..

ADRIENNE, en délire. Je ne comprends pas; que veux-tu dire?

PATIRA. J'avais un ennemi, un ennemi qui était devenu le vôtre. Je n'osais pas sortir, et je me consolais de ma prison avec ce breuvage qui peut être mortel; mais qui à moi, qui en mesure l'usage, m'apportait sans danger et renouvelait sans cesse les riantes images... les tableaux de mon pays... des paillettes d'or dans les rayons de la lumière, des diamants au sommet de chaque flot de la mer...

ADRIENNE, s'exaltant peu à peu. Est-ce qu'alors tu as vu dans l'air des montagnes d'argent toutes dorées à leurs flancs et courant à l'envi sur le grand pavillon bleu du ciel, se fondant l'une dans l'autre pour en former de plus belles et de plus grandes, de plus éclatantes encore?

PATIRA, joyeux. Oui, oui.

ADRIENNE. Que de couronnes! de diadèmes! tous ceux que j'ai portés... Que de fleurs! de séduisantes parures, celles dont on payait mes succès... Par là on applaudit, on se lève en criant d'admiration; c'est le public, le public que j'entraîne, que j'attache à ma parole, qui frémit de crainte, frissonne de plaisir au murmure de mes lèvres.

PATIRA. Que dit-elle?

ADRIENNE, avec enthousiasme. Ah! par ici une phalange aérienne, une cohorte d'anges aux ailes diaprées, aux longues robes flottantes...

PATIRA, l'écoutant avec terreur. Oh! mon Dieu! elle est pâle, vous voyez...

ADRIENNE. Oui, je vois, tiens, là, au milieu d'eux et soutenue par leurs mains, une femme... elle s'incline vers moi... ma mère!

PATIRA. Ses mains brûlent. Oh! dites-moi si vous voyez...

ADRIENNE. Je vois, te dis-je, tiens, regarde, elle m'appelle, elle m'attire, elle m'enlace de ses bras; elle couvre mon front, mon visage de ses baisers parfumés; la terre se dérobe sous moi, la céleste escorte m'environne en souriant. Ma mère! ma mère! c'est donc au ciel que vous m'emportez? (Elle tombe épuisée sur un siége.)

PATIRA, avec angoisse. Maîtresse! maîtresse! répondez-moi.

ADRIENNE, échappant avec peine au prestige qui la domine. Laisse-moi, je suis heureuse...

PATIRA, criant. Maîtresse, vous êtes empoisonnée!..

ADRIENNE. Que dis-tu?..

PATIRA. Ces rêves, oh! je les connais, ce sont ceux que donne le poison indien... et cette pâleur... cette fièvre convulsive, c'est le symptôme de son action mortelle... inexorable.

ADRIENNE. Du poison! le poison indien! qui donc aurait pu?..

PATIRA. Lui! lui! celui qui en ce moment expie tous ses crimes... (Avec un cri de joie.) Mais je me rappelle...

ADRIENNE. Qu'as-tu?..

PATIRA. Oui... oui... déjà je me suis trouvé en danger... un contre-poison que j'ai rapporté de l'Inde... vous le prendrez... En aurai-je assez, mon Dieu!.. Oh! attendez-moi! attendez-moi! je vous sauverai... maîtresse... je vous sauverai. (Il sort en courant.)

SCÈNE X.

ADRIENNE, seule. Mourir quand j'espérais apaiser le courroux de mon père, obtenir son pardon... (Elle pleure.) Mais pourquoi ces sombres pensées! Ne m'a-t-il pas dit tout à l'heure je vous sauverai!.. Oui, oui, je veux vivre, je vivrai pour voir, à défaut de mon bonheur, le bonheur de ceux que j'aime... Mais l'heure se passe... Marianne sera partie.

SCÈNE XI.

MARIANNE, ADRIENNE LECOUVREUR, puis PATIRA.

MARIANNE, entrant. Enfin, je vous revois...

ADRIENNE. Marianne!.. (Elle l'embrasse avec effusion.) Comme elle est pâle!

MARIANNE. Oui, Marianne heureuse, Marianne à qui un prêtre a dit: Voilà votre époux! et celui qu'il m'ordonnait d'aimer est celui que j'aime, que j'aime depuis mon enfance, que j'aimerai toujours...

ADRIENNE. Vous êtes heureuse?..

MARIANNE. Heureuse! je ne croyais pas qu'on pût l'être tant... Depuis le moment où le ciel nous a bénis pour nous unir, tout est changé dans mon cœur et autour de moi, par je ne sais quelle faculté nouvelle. Je marche, entourée sans cesse de tous ceux que je porte en mon cœur... une femme jeune, belle, adorée, couverte de gloire qui est venue à moi...

PATIRA. Maîtresse, maîtresse, voilà!..

ADRIENNE, sans cesser de contempler Marianne. Bien! donne! (Patira va prendre le verre, le remplit d'eau et y verse une liqueur.)

MARIANNE, toujours aux genoux d'Adrienne. Cette femme!.. on l'aimait... et elle a détourné cet amour sur moi qu'on n'aimait pas; elle a commandé à un cœur noble, généreux, de venir à moi.

PATIRA, s'est approché d'Adrienne et lui présente le verre; bas. Prenez, j'ai mis tout ce que j'avais... et cela suffit à peine.

ADRIENNE. Laisse-moi! (Elle tient le verre qu'elle pose sur la table en regardant toujours Marianne.) Marianne! cette femme c'est une fée... Depuis une heure, je n'habite plus que des palais resplendissants d'or et de pierreries... (Portant le verre à ses lèvres; elle s'arrête en voyant l'exaltation de Marianne. — A part.) Grand Dieu! quel soupçon!.. cette fièvre, ce délire semblables aux miens! Un second crime!..

MARIANNE. La madone unit ma main à celle de mon époux, et mille têtes ailées se balancent sur notre route, qui frissonnent sous la brise de leur vol.

ADRIENNE, à part. Une seule peut être sauvée! (Montrant Marianne.) Jeune et heureuse! (La prenant dans ses bras.) Marianne! Marianne!

MARIANNE, s'agenouillant devant elle. Oh! c'est vous! je vous vois toujours au milieu de toutes ces merveilles.

ADRIENNE, à part. La sauver, sans l'alarmer! sans qu'elle sache!

MARIANNE. Fée bienfaisante, fée de grâce et de bonheur, dites, quel amour vous a attiré à moi?

ADRIENNE. Voulez-vous lire dans ma pensée?...

MARIANNE. Oui, j'y veux lire, la deviner!...

ADRIENNE, effleurant le verre de ses lèvres. Buvez dans ce verre où j'ai déjà bu. On y trouve, dit-on, la pensée que n'ont pas encore exprimée les lèvres qui en touchent le bord...

MARIANNE. Donnez! donnez! (Elle boit.) Vous avez raison, je vois votre cœur. (Mouvement de joie d'Adrienne.) Ce qui me l'a donné, ce n'est pas une bienveillance vulgaire, ce n'est pas une de ces sympathies banales que le hasard fait naître.

ADRIENNE. C'est vrai! buvez toujours.

MARIANNE. Je vois mieux encore, ce qui t'appelle à moi, c'est une de ces tendresses saintes que la nature seule met en nos cœurs, pour vivre, nous consoler et mourir avec nous.

ADRIENNE. C'est vrai! c'est vrai! (Marianne vide le verre.)

MARIANNE, avec explosion. Je lis tout... Adrienne est ma sœur...

ADRIENNE. Sauvée!

SCÈNE XVI.

LES MÊMES, D'ARGENTAL, M. DE GRANDPRÉ, au fond.

D'ARGENTAL, s'avançant. Adrienne, j'ai dû tout lui dire.

ADRIENNE, épuisée. C'en est trop! Ah! partez! partez!..

D'ARGENTAL. Prenez d'abord ce qu'une main réconciliée vous présente... (M. de Grandpré s'est approché d'Adrienne expirante, et lui présente un médaillon.)

ADRIENNE, le prenant sans regarder qui le lui donne. Le portrait de ma mère! Qui donc me le rend?

M. DE GRANDPRÉ. Un père qui pardonne et expie!

ADRIENNE. Vous près de moi!... Pleurant des larmes qui lavent toutes les fautes de votre enfant!... Marianne!... d'Argental!... mais, partez!... entraînez-la bien vite...

D'ARGENTAL. Que dites-vous!...

ADRIENNE. Je meurs!...

M. DE GRANDPRÉ. Grand Dieu!

ADRIENNE. Pour la sauver.

M. DE GRANDPRÉ. Ah! je n'avais pas mérité qu'elle vécût pour moi.

ADRIENNE. Qu'elle ne sache rien et que je l'embrasse encore une fois!... Adieu, Marianne.

MARIANNE. Nous séparer!...

ADRIENNE. Au revoir!...

D'ARGENTAL. Partons!... (A Adrienne.) Malheureuse!...

ADRIENNE. Malheureuse!... oh! non! non! Dieu m'attend... et mon père est là! (D'Argental entraîne Marianne par le fond, Adrienne meurt dans les bras de son père.)

FIN.

www.ingramcontent.com/pod-product-compliance
Lightning Source LLC
LaVergne TN
LVHW020633110826
845149LV00004B/1173

* 9 7 8 2 0 1 9 2 0 3 2 6 9 *